Duran Aydın 'dan

Hergele Yolu

İstiklal Mahallesi'nden

Tozu Alınmış Yıllar ;

Sevgili Özgür Tandoğan Canyurt'a

Şiir güzelliğinde mutlu bir yaşam dileğiyle...

Adana, 25-Kasım 2017

Heyamola Yayınları No: 327

Yayın Yönetmeni
Ömer Asan

Koordinatör
Candan Yaygın

Editör
Ebru Kaya

Grafik Tasarım
Murat İlhan

Adana Kitaplığı
Duran Aydın / Hergele Yolu
İstiklal Mahallesi'nden Tozu Alınmış Yıllar

ISBN 978-605-4937-33-2

T.C. Kültür ve Turizm Bakanlığı
Yayıncı Sertifika No: 12368

İkinci Basım
Mart 2015

Baskı ve Cilt:
Ege Reklam Basım Sanatları San. Tic. Ltd. Şti.
Esatpaşa Mah. Ziyapaşa Cad. No:4 Ataşehir / İstanbul
Tel: 0216 470 44 70 Faks: 0216 472 84 05
www.egebasim.com.tr / Matbaa Sertifika No: 12468

ATT Basım Yayın Ltd. Şti.
Yalı Mah. Küçükyalı Cad. Kuyu Sok. Mete Apt. No. 4/1Maltepe / İstanbul
heyamola@heyamola.net / www.heyamola.net
Tel: 0 216 371 17 37

Duran Aydın

Hergele Yolu

İstiklal Mahallesi'nden

Tozu Alınmış Yıllar

heyamola
yayınları

Duran Aydın

1960 Adana doğumlu.

Adana Erkek Lisesi Akşam Okulu 2. sınıf öğrencisiyken öğrenimini yarıda bıraktı. 1970 sonlarından başlayarak şiir ve yazılarıyla, aralarında *Milliyet Sanat, Varlık, Saçak, Sesimiz, Hakimiyet Sanat, Edebiyat Cephesi, Türkiye Yazıları, Dönemeç, Somut, Cumhuriyet Dergi, Yaşam İçin Şiir, Yeni Düşün, Düşlem, Türk Dili, Afrodisyas Sanat, Beşparmak, İnsancıl, Berfin Bahar, Akatalpa, Sincan İstasyonu* ve *Kıyı*'nın da bulunduğu birçok dergide göründü.

1977'de *Güney* gazetesi, 1978'de *Yapıt*, 1984'te *Yeni Türkü*, 1989'da *Çukurova* gazetesi, 2011'de *Tay* dergisi / İbrahim Yıldız Şiir Ödülü'nü kazandı.

Koza, Düşün, Akdeniz, Söylem ve *Turunç* dergilerinin mutfağında görev aldı. 2010 yılı başlarından sonra *Yeni Turunç* dergisinde bir dönem "Yayın Yönetmeni" olarak çalıştı.

Şimdilerde; adı, sonradan "*Yaşam Sanat*" olarak değiştirilen *Çağdaş Yaşam* dergisinin "Sanat Yönetmeni."

İlk şiir kitabı "*Yokları Sahibi*" (1987), ikincisi "*Hayatı Yeniden Denemeye*"dir (1998).

2013 - Kıyı dergisi/Nabi Üçüncüoğlu Şiir Ödülü'ne değer görülen son şiir kitabı "*Gölgemi Sildin Gölgenden*" ise, aynı yılın Ocak ayında yayımlandı.

İçindekiler

Adana'nın kadim semtlerine merhaba!

Bir kentin tarihini, coğrafyasını, toplumsal hayatını, geçirdiği değişimleri, insan tiplerini, atmosferini, doğal güzelliklerini, unutulan değerlerini, yeme içme kültürünü, gecesini gündüzünü, yazını kışını, folklorunu, eğlence hayatını ve daha bin türlü özelliğini, herkes kendince görür. Bir tarihçi, bir coğrafyacı, bir toplumbilimci, bir turizmci, bir asker, bir eğitimci, bir halkbilimci daha çok kendi bilgi alanıyla sınırlı bir bakışla yaklaşır bütün bunlara.

Bir edebiyatçının bakışı ise çok yönlülük taşır. Edebiyatçı çevresine gönül gözüyle de bakar. Kendini değişik insanların yerine koyar, onların yüreğiyle de hissetmeye çalışır, öylece yazar...

Edebiyatçıların kaleminden çıkmış yazılarda okur kendi duygularını da düşünüp söyleyemediklerini de bulabilir. (Burada edebiyatçıdan kastımızın yalnızca şair, hikâyeci ya da romancı olmadığını, "edebiyatçı" kavramını geniş anlamda kullandığımızı belirtmek isteriz.)

Bütün bunları ve bu konuda daha önce yazılmış örnekleri düşünerek edebiyatçıların gözüyle Adana'nın semtlerinin anlatılması konusu üzerinde yoğunlaştık. Bu noktadan hareketle özgün bir dizi oluşturmayı öngördük. Edebiyatçılarıyla ya da yazarlarıyla anılan semtler kervanına yeni adlar eklemenin hem Adana'ya ve hem de edebiyat dünyamıza zenginlik getireceğini umuyoruz.

Bu dizide, Adana'nın anlatılan semtlerini seçerken bunların tarihsel yönden ağırlıklı semtler olmasına özellikle dikkat ettik. Yazarlara öneri götürürken de yazarların söz konusu semtlerle az çok bütünleşmiş kimseler olmasına önem verdik.

Adana'nın Semtleri dizisinin yazılmış ve henüz yazılmamış semtleri tamalandığında, bir bütünlük çerçevesinde, yazarların yaşantıladıkları Adana'yı karşımızda bulacağız. Bu kitaplar, kendi başlarına özel bir anlam taşıdıkları kadar bütün olarak da geniş bir şehir monografisi ortaya koymuş olacaklar.

Adana'nın kent kültürü bağlamında bundan sonra yapılacak olan etkinliklerine söz konusu dizimizle edebiyat cephesinden katkı sağlayabilirsek ne mutlu bize.

Heyamola Yayınları

Hergele Yolu

"Beygir Lann!"

Yeşil, mavi, kırmızı naylon sandaletlerimizin teneke mandalı, çorapsız ayaklarımızda kahverengimsi izler bırakıyor.

Pas izleri...

Akşamları yıkıyor annemiz arısili;[1] ertesi öğleye doğru, yine pas!

Altı, yedi yaşlarımda Hergele Yolu'nun olmayan kaldırımlarında ilk kez, o plastik sandaletlerimi sürüyerek yürüdüğüm günlerde, 1970'e üç ya da dört yıl vardı.

Olur olmaz zamanlar, belleğimin gözkapakları aralandığında; o yıllardan, önce sıcaklar gelir aklıma.

Sıcak ve toz...

Ya da yağmuru günlerce süren kış aylarında; çamuru çorbalaşmış Adana'dan caddeler, sokaklar...

Ve yalnızca siyah ve beyaz görüntülerde, eksik yaşanmış çocukluklar...

Yoksul mu yoksul Adana'nın çaresiz, umutsuz insanları; yani bizler... Derme çatma mahalleleri; yani İstiklal, Hurmalı, Hanedan, Yeşilyuva, Meydan, Döşeme... Sürer, gider.

Nereye kadar?

Şimdilerde "Güney Adana"dan sayılan, o zamanlar kentin tam da

---

1 Arısili: Tertemiz.

göbeğindeki gidip gezmeye bile çekindiğimiz Yüzevler, Reşatbey Mahallesi; Atatürk, Ziyapaşa, Gazipaşa Bulvarı gibi "zengin semtlerinde"yse kendimize yabancı ve uzak saydığımız para babaları, pamukbuğday tüccarları, ağalar, çiftçiler yaşardı.

Tatlı bir mayışmayla[2] birlikte gözkapaklarımızı ağırlaştırıp öğle sonu uykularının tadını da kaçıran, yapış yapış terden cımcılık[3] olduğumuz bitmek bilmez yaz aylarında; sanki bir tek buralarda, "bizim mahallelerde" böylesine yoksulluk içinde yaşanırdı! O yoksulluk bir de o yakıp kavurucu "sıcağı kıran", yer yer sağlı sollu okaliptüslerin gölgelediği Hergele[4] Yolu'nda; bilinmez bir ressamın karakalem tablosunda, yol kenarına teyellenmiş kerpiçten barakalara resmedilmişti.

Artık "Bakımyurdu Caddesi" olsa da adı, orası yine ve her zaman bizim için "Hergele Yolu"ydu.

Kuruköprü'den yüz elli, iki yüz metre kadar güneye yüründüğünde ilk kavşaktan sağa dönüşte başlayan, Adana Şakirpaşa Havaalanı'na varmadan ucu görünen "bizim Hergele Yolu'muz..."

Yolun, havaalanı yapılmadan çok önceki yıllarda, kesintisiz olarak arazinin ortasından Tarsus yönünde ulaşımı sağladığı; biz yaştakilerin bilemeyeceği, o yılları yaşayanların anlattıkları arasında.

2000'li yıllarda da, cadde yanaklarındaki bina boyları on beşer, yirmişer metreye ulaşıp Hacıbayram çatalına yakın bir uzaklıktan geçen Metro Köprüsü Hergele Yolu'nu dilimlerken; az arkalarda yol boyu dizili Hurmalı, İstiklal, Emek, Meydan, Yeşilyuva, Hanedan Mahallesi'nin "çocuk kaynayan" sokaklarında hiç değişmeyen "aile boyu sefalet" hâlâ yaşanıyor.

Hergele Yolu'nu anımsamak, unutmamak; biraz da bu yol üzerindeki Yazlık Çiçek ve Güney Sineması'nı hüzünle anmak değil midir?

---

2 Mayışmak: Gevşeme hali, uyku öncesi.

3 Cımcılık olmak: Özellikle yağmurdan ıslanmak, sırılsıklam olmak.

4 Hergele: Büyükbaş hayvan sürülerine verilen ad.

2013'teki Hergele Yolu'muz...

Sinema deyince Yılmaz Güney'i tam da burada anımsamak gerekmez midir?

Çünkü o henüz on, on bir yaşlarındayken ailesiyle yaşadığı Karataş İlçesi'nin Yenice Köyü'nden Adana'ya göçer, Yeşilyuva Mahallesi'nde, Çiçek Sineması yakınlarındaki kerpiç bir eve yerleşirler.

Taşınır ve çocukluktan ilk gençliğe geçişinde "sinema"yla da ilk kez burada, bu sinemada tanışır.

Tanışır ve sırtındaki film bobinlerini bisikletiyle Çiçek'ten Zafer'e, İstiklal'den Denizli'ye; Şan, Halk, Kanal demeden, sinemadan sinemaya taşır...

Hergele Yolu'nda; buradaki değişimin binde birini bile göremeden ölen sanatçının elbette bilemeyeceği bir sinema, "sittin senedir" kapalı da olsa, onun adıyla anılır: 1970'lerin başında, yapımında elektrik tesisatçısının yanına çırak durduğum Yazlık Güney Sineması 2012 ortalarında nice insanın anılarından değil, ama perdesinden, duvarlarından, kolonlarından başlayarak yıkılır, yok olan bir kültürle o da sislere gömülür.

Metro, ilginçtir; Adana'da çoğunlukla havadan, köprülerin üzerinden gider! Adana Metrosu'nun burada ikiye dildiği Hergele Yolu'nun sol üst kolunda, geçen yıla kadar bir "perde" görürdünüz.

Yeni açılan Metro Yolu altında, Bit Pazarı yönünden gelişinizde gözünüze mutlaka ilişen, arka yüzeyinde sıvasız briketleri, ön yüzeyindeyse beyaz, ama yağmur pasıyla kararmış, şimdi yerinde yeller esen bu küflü perdede "hayal kahramanları" hâlâ gezinir...

Necdet Tosun, yine "şişko aşçı"; Nubar Terziyan, elma yanaklı "tonton dede"; Atıf Kaptan, kötü bakışlı anlayışsız "kayınbaba"; Sami Hazinses, ağlamaya ve gülmeye her an hazır "bahçıvan"; Hulusî Kentmen, otoriter olmayı bir türlü beceremeyen "iyi yürekli fabrikatör"; Turgut Özatay, "kalleş gazino patronu"; Erol Taş, gıcık gıcık gülen anadan doğma "kötü adam"; "Sütçü-Süheyl Eğriboz", daha ikinci yumrukta bayılmaya hazır kavgacı; Mine Soley, filmin yiğit oğlanının yuvasını yıkan "hafif kadın"; Aliye Rona, düşmanlarını ortadan kaldırmazsa "sütünü oğluna helal etmeyecek kışkırtıcı ana"dır...

İşte o; düşlerimizde beyaz atlara binip dörtnala baharlı dağlara yollandığımız Güney Sineması'nın, geçen yıla kadar yıkılmayan perdesinin tam karşısındaki "makine dairesi", sabah akşam Hergele Yolu'ndan geçenleri kederle izlerdi. Sanki, değişen yaşamı yeni mekânlarıyla, makaraya takılacak yeni filmlerde gösterebilmek umuduyla, nöbetteydi.

Televizyonun "sinemayı bitirdiği" günlerden beridir, ikinci katta bir dam üstünde yıkıntı, başıboş; boylu boyunca gövdesinden ayrılmış bir koyun derisi gibi, öylece yatıyordu...

Metro Köprüsü'nün bacaklarından hemen sağa dönüşte, eski bir binanın ikinci katında, 1980 yılında o cinayet işlenene kadar kullanılan bir doktor muayenehanesi bulunurdu. Önceki yıllardan bilenlerin çok iyi anımsayacağı Doktor Muzaffer Ersalan'ın, yokluğundan beri yas içindeki bina; küskündür oldukça, kırgınlık anıtı gibidir!

Şimdi cesedi de yok edilen bir sinema ölüsü: Hergele Yolu'ndaki Yazlık Güney Sineması...

Muzaffer Ersalan: 12 Eylül karabasanından hemen önceleri öldürülen bir "fakir dostu..." Cuma günleri tümüyle ücretsiz, diğer günlerde de yine parası olmayan hastalardan istemeyen; ilacını, şurubunu veren... Hastalandığımda annemle babamın beni de tedaviye götürdüğü, çevre mahallelerin "gariban babası" doktoru.

***

Çok öncelerden, hazin bir kederle anımsanan; toz toprak içindeki, daha asfalt katranının bulaşmadığı parke taşlı Hergele Yolu'muz...

Fayton ve tek atlı araba tekerlek seslerinin, at nalı tapırtıları ve koşumundan yükselen müziğin, hüzünlü ve uzak resimlerden kulağımıza çalındığı...

Bilinir ki bir duvar oyuğunda, paslı bir çinko damın oluğunda, bir demircinin örsüne inen çekiç sesinde, sırtına yaslandığı kahvenin duldasında, içindeki ustasıyla unutulmuş kalaycı barakasında, ne bileyim bir yerlerde; uzaklardan ağır usul gelen yoksul arabacı türküleri gizlidir...

Sisler arasında üstü başı un içinde pijamalı hamallar, yaşlı bir kamyondan Tanoğlu Ekmek Fabrikası'na koşaradım un çuvalları indirir...

Sekizgen köylü kasketi kaşlarına yıkık babam, Güney Sineması'nın altındaki Ülker'in deposundan, o günkü "rızk"ımızı çıkarmak için teneke teneke bisküviyi at arabamıza yükler...

Bakıldığınca görülür ki o çocukluk yıllarımda bana dünyanın en uzun yolu gibi görünen "Güney Adana"da bir kıyıdaki Hergele Yolu'nda, şimdilerde esnafının hiç de iyi işler yapamadığı, eskiyi çok aradığı günler yaşanır.

***

O zamanlar batıdan yürüyenler, havaalanı kavşağından hemen sonra sağda Meydan Mahallesi'ne, bir kıyıda bacası paslı, mahzun bir anıt gibi duran Oksijen Fabrikası'na; sol kolunu uzattığındaysa okaliptüs ve çam ağaçlarına dokunabilirdi.

Eğer canı biraz gölgelenmek isterse de, yerinde şimdi Emek Mahallesi olan, geçmişte hergelelerin yayıldığı, kimi zaman bol küfürlü kavgalarla sonuçlanan futbol maçlarının yapıldığı; bir zamanlar Adana'da hipodrom olmadığından burada at koşuları düzenlenen bu alana dalabilirdi.

Emek Mahallesi'yle Yapı Sanat Okulu'nun arasındaki caddeyi aşanlar, soldaki İstiklal Mahallesi sınırlarında geziniyor olurlardı.

Doğumevi'ne varmadan, şimdi Emniyet Müdürlüğü ve parkın bulunduğu yerdeki Şefik'in Bahçesi, Çiçek Sineması, sonrasındaysa Nuri-Zekiye Has ve Ziya Gökalp İlkokulu geride bırakılırdı.

Ötedeki Maraşlı Ökkeş'in değirmeninden, taze öğütülmüş un kokusu saçılırdı ortalığa. Hani o mis kokulu buğday ununun bir fırından yeni çıkmış, buğusu üzerinde ekmek olarak midelere inmesi, insana "insan" olduğunu bir kez daha anımsatan mutluluklardan sayılmaz mıydı?

Kıyıdaki Hanedan Mahallesi; Hergele Yolu başlarında, bir zamanlar Saliha ve Eşekçi Mahallesi olarak da bilinen yer...

Bir Yeşilçam emekçisi, yapımcı–oyuncu–senarist ve yönetmen İrfan Atasoy'un da doğup büyüdüğü mahalle olan Kocavezir, Hanedan Mahallesi'yle duvar duvara komşudur.

Hergele Yolu aslında, eskiden kabak tarlası olarak da kullanılan Erciyes Garajı'ndan başlar...

Garajın bir ucundaki Hacıbayram Çeltik Fabrikası'ysa; at arabacılarının, faytoncuların atlarına yem aldığı Yemci Kör Hasan'ın dükkânıyla kesişip dururdu.

Hergele Yolu'nun "Bakımyurdu Caddesi" adıyla kayıtlara geçip bugünlere uzanışının öyküsü; Doğumevi ve Nuri–Zekiye Has İlkokulu'nun olduğu yerde bulunan "Bakımyurdu"ndan besleniyor.

Halkın "Darülaceze" diyemeyip "Dellaze" dediği "Bakımyurdu", 70'lerde Döşeme Mahallesi'nde Yazlık Esendam Sineması yakınlarındaydı. O yıllarda kısa donlu bir çocukken daha; penceresindeki demir parmaklığa yüzümü dayar, kadın erkek demeden saçları "sıfıra vurulmuş", grisi solup tanımlanamayacak bir renge bürünmüş entarili insanları acınarak izlerdim. Avluda amaçsız gezinen, koşan, bağıran, belirli bir noktaya gülerek bakan, kendince karşısındaki "birileriyle" konuşan bu hasta insanlarla dalga geçen, alay edenler de olurdu.

Darülaceze, sonralarda "Kuzey Adana"da, Kurttepe Köyü yakınlarında bir yere konuşlandı; adına da Adana Ruh ve Sinir Hastalıkları Hastanesi denildi!

İşte bu hastanenin, hemen önünden başlayıp Kuzey Adana yönünden gelen Metro Yolu ve Güney Sineması'nı ardınıza alır da sola bükülürseniz Kuruköprü'ye varırsınız. Sağa dönmeyi seçenlerin ilerideki Yazlık Şan Sineması, Eski Sebze Hali ve Bit Pazarı'na ulaşabilecekleri Karacaoğlan Caddesi girişinde çatallaşır yol ayrımı.

İşte tam da burada biter ya da başlar Hergele Yolu...

***

Hergele Yolu'nun bu noktasındaki ucunda, gölgesinde "hambal" denilen hamalların oturup iş beklediği, gövdesine çakılı çivilere çantalarını astığı büyük bir ağaç görülür. Yanı başlarında bisikletleri, gün boyu bıkıp usanmadan yakınlarından geçen insanların gözlerine bakar dururlar.

Kaldırım taşları örülerek oluşturulan küçük adadaki koyu gölgeli bu ağaç, Hergele Yolu'nun zaman denizindeki feneri gibidir.

Eskilerin "Hacıbayram Kuyusu" dedikleri kuyu da, "İsrail Kauçuğu" adındaki bu geniş ve koyu gölgeli ağacın karşısında, kaldırım üzerindeymiş.

"Hacıbayram Kuyusu", öncelerde devecilerin develerini dinlendirdiği, arabacılarla faytoncuların helkelere[5] buz gibi suları doldurup atlarına içirdiği, onları serinlettiği; zamana gömülen, körlenmiş bir eski kuyu...

Peki hergele nedir? Burası nicedir, niye "Hergele Yolu"dur?

"Cadde"den sayılmadığı yıllardan sonra bir gün talih yüzüne gülüp "Bakımyurdu Caddesi" adını alsa da şimdi ve kim bilir kaç zaman burası, kıdemli Adanalılarca "Hergele Yolu" olarak anılacaktır.

***

Tarihler 1970 dolaylarında da gezinirken, daha güneş yedi renginin ilk alacalı ışıklarını bu toprak yola sermeden; arka mahallelerden, ara sokaklardan çoğalarak gelen inekler sürüler halinde otlanmaya, yerinde şimdi Emek Mahallesi'nin olduğu çamlığa giderlerdi. Ufak tefek bir "komik adam", Hergeleci Ahmet Ağa; sürünün ardında elinde değneğiyle sağa sola koştururdu. Yarenlik adına olsun ya da can sıkıntısından, kahve önlerindeki işsiz- güçsüz takımı ve esnaf, ardından "zort çeker", onu kızdırır; karşılığını ana-avrat sövülerek görürlerdi! Bu küfürleri hiç kimse ciddiye almaz, yalnızca gülüşülürdü.

---

5 Helke: Galvanizli sacdan yapılmış kova.

“Hergele Yolu, İsrail Kauçuğu altında ekmek yolu gözleyen hamallardan sonrası...”

Benim yaşımın ermediği önceki yıllardaysa; günümüzdeki adı Şakirpaşa Havaalanı olan Adana Havaalanı’nın ta arkalarında, “Ağba” olarak anılan sulak arsalarda yayılırmış hergeleler.

Hergelenin, okaliptüs ve çam ağaçlarıyla kaplı bu alana sürülmesi daha sonralara rastlıyor.

Alan, bayram yeri gibi; cıvıl cıvıl...

Çekişmeli at koşuları yapılıyor, insanlar gölgesinde “ense yapıyor”, kumarcılar zar ve “kılıç atıyor”, “dışlığı gelmeyen”[6] mahallenin “delanlı”ları[7] nedenli nedensiz kavgalara tutuşuyor...

Coşkusuyla ağız dolusu sövüldüğü için belki de, futbol maçları hayatları renklendiriyor.

Havaalanı yönünden, Trafik Şubesi’ne giderken görülebilecek; yol boyu dizili, zamanına göre oldukça görkemli, ikişer katlı ve bahçeli

---

6 Dışlığı gelmemek: Canı sıkılıp yapacak şeyler aramak.

7 Delanlı: Ufak yollu kabadayı. Delikanlı.

"Güney Sanayi Evleri"; o yıllarda imrenilen, evi olmayanların içlerinde yaşayacağı günlerin düşlerini kurdukları modern yapılardı.

Aşağı mahallelerdeki birbirlerinin üstüne yığılmış evlere benzemedikleri, daha ilk bakışta görülebilirdi. Bahçesi çeşitli meyve ağaçlarıyla, gül fidanlarıyla renklenmiş bu evlerde yaşayanların hiç kavga etmeyip mutlu bir hayat sürdükleri düşünülürdü.

Sokakları, bizim sokaklarımızdaki gibi "çocuk kaynamaz", kadınları hiç yoktan "çeneleşmez", genç ve işsiz erkekleri içip içip sustalılarını yere sürterek gecenin bir yarısı "of çekmez"lerdi...

Bu evlerin bir çoğu, şimdilerde gümrükçülerce işyeri olarak kullanılıyor. Daha uçlardaki caddeye yakın olanları da sigortacılar paylaşmış.

1974-75 gibi, buradaki ağaçlık alan yer yer yok edilerek kurulur Emek Mahallesi...

Çoğu kez de ardında, önünde bir çobanın olmadığını düşündüren bir başıboşlukta; yolu ve sahibinin evini, ahırını ezber etmiş sürüler hiç acelesiz, tam ortadan; ağır ağır eksilip kokularını akşama serperek ilerlerlerdi. Günümüz gözüyle bakıldığında, bugün bizlere; Yeşilyuva, Hurmalı, İstiklal, Meydan, Hanedan Mahallesi'nin arka sokaklarından Hergele Yolu'na akan büyük ve küçükbaş hayvanlar, yalnızca sütünden yararlanmak adına da olsa, o yıllarda hayvancılığın kent içlerinde bile yapıldığını anlatmıyor mu?

Köyden kente göç en hareketli günlerindedir. Kıyı mahallelerde günden güne artarak yeni "köyler" oluşmakta, yaşam biçimi ve kültürüyle kente "ayak direyen" insanlar bir alt üst oluş yaşamaktadır.

Adana'daki belirgin örneklerinde görüldüğü gibi "bir ayağı köyde olmak" kimi mahallelerde sürse de; etini yemek, sütünü içmek, gücünden yararlanmak için hayvan besleyenler git gide azalır.

Örneğin, "horoz sesiyle uyanmak" sizler gibi bende de küllenmiş bir özlem şimdi. Kent içinde eşek görmek çöl ortasında göle rastlamak olacak! At mı? Eh, çok az da olsalar görebilmemiz mümkün...

***

Görüntüyü yeniden 70'lerden aldığınızda; Oksijen Fabrikası'na varmadan şimdi Emek Mahallesi'nin olduğu yeri, hergeleler terk ederken; gün boylu boyunca devrilmeye, Batı Toroslar'ın yamaçlarındaki ustura ağızlı kayalıklarda koyu, sert gölgeler oluşmaya başlardı. Aşağılarda uzanıp yatan Çukurova'nın Adana'sındaysa; mahalle, cadde ve sokaklara karanlık iyiden iyiye çökmüş olurdu...

Bu; sürülerin, geldikleri yönün tersine gerisingeri, çözüle eksile, artık ezber ettikleri Hergele Yolu'ndan "evlerine" dönmeleri demekti.

Tek tük Chewrolet, daha çok da çarpı bacaklarıyla Skoda dolmuşlar, osuruklu Dodge kamyonlar hergeleyle yolu bölüşür; toz sisi halinde bir akşamı, ileride yazar olmayı düşleyen bir çocuğun belleğine nakşederlerdi.

Halkın "payton" dediği faytonlar, tek atlı arabalar, pıtır pıtır aceleci adımlarıyla koşaradım giden bir eşeğin üzerindeki kupkuru bir nene; Hergele Yolu'nda akşamın laciverdine, karanlığa, gitgide koyulaşan lekeler olarak karışırlardı.

"Ortalığı elli altıya veren"[8] Jawa, Ceze markalı motosikletlerin egzoz patırtıları; Adana'nın diğer yollarından pek ayrı düşünülemeyecek desenleriyle bu tabloya teyellenirlerdi.

***

Bir de o saatlerde eve dönen babam...

Ölümüne yakın günlere kadar, yoksulluğumuzun acıtan simgesi, tek atlı arabasıyla yük taşıyarak bizleri okutan, evlendirip hayata dahil eden, her nedense yaptığı işten utandığım babam; Melekgirmez toptancı esnafının o yıllarda olmayan taşıma araçları yüzünden soframızda güller açtırırdı.

---

8 Ortalığı elli altıya vermek: Ortamı kargaşaya, gürültüye boğmak.

"Eniştem Ahmet, kucağında kızım Sıla'yla ablam Emine, babam 'Arabacı Hüseyin Ağa', annem İclal, eşim Gülden ve ben; 1988'den eksilen bir günü böyle güzel eylemişiz..."

Araba tekerleklerinin metal-lastik karışımı ezgisini, artık çoktan ezber etmiştim.

Daha tekerlekler otomobil lastiğine dönüşmemişken oduncuların, hızarların önü sıra gelip de Bakkal Topal Cemal'in köşesinden eve doğru yöneldiğinde, ta uzaktan işitirdim seslerini. İşitir ve bilirdim ki bu gelen babam...

Kimi zaman kızıl, kimi zaman çilli ve sütbeyaz, kimi zaman kestanerenkli atlarının koşumundan yükselen müziğe nal sesleri karışırdı. Arabamızda yıllar yılı gizlenmiş bir orkestranın bu hüzünlü ezgisini hiç unutur muyum?

Babamın, yorgunluk ve zamanından önce yaşlanmışlığının gölgelediği yüzünde; hiçbir şeyden yakınmayan, "şükreden" dindar bir insanın kaygısızlık ve dinginliği okunurdu.

Atımıza yem aldığı Yemci Kör Hasan'ın dükkânının önünde sıraya girmiş faytoncular, yoldan geçen at zibili[9] yüklü "naylon" dediğimiz

9 At zibili: At dışkısı.

traktör römorkları, tamirciler, nalbantlar; böylesine bir Hergele Yolu fotoğrafında atlanamayacak ayrıntılar olarak belleklerde yerlerini alırlardı.

Tıka basa doldurulmuş "harar"daki[10] samanın üzerine oturur, yer kalmamışsa ayakta dizginini çeker, gevşetir; yalancıktan kırbaçlayarak deh'lerdi atını babam:

"Beygir lannn!"

***

Çoğu kez Kurttepe ve Mahfesığmaz'daki bağ yollarından dönüşte, başka kimselerin duymayacağı bir sesle türküler söylediği, dertleştiği atını...

Sabahları annem kahvaltı hazırlığında, kardeşlerimle ben uyur; o aşağıdaki ahırda, tımar ederken tokatladığı atını...

Sövdüğü atını...

Ağlaştığı, çok sevdiği atını...

Hasta olduğumuzu sezinlese bizi nasıl Doktor Muzaffer Ersalan'a, Mehmet Fuat Yağmurcu'ya alelacele yetiştiriyorsa, hani bakar bakmaz hasta ve bitik olduğunu anlayıp hemence "baytar"a[11] götürüverdiği atını...

Kimi pazar sabahları, ahırın bir köşesinde birike birike küçük bir tepe oluşturan "at zibilini", onu gübre olarak kullanan bahçeciler gelir, alırdı. Artık iyice kuruduğu için pis kokmayan zibili, bir hamal, bahçelerde kullanılan büyük küfelerle sokaktaki arabaya taşırdı.

Kimyasalının daha "icat edilmediği" o zamanlar, atın dışkısı "organik gübre" sayılır; onu da bağcılar, bahçeciler satın alırdı.

***

Yaz tatillerinde, haziranlarda öğle sonları... Gölgesinde dut ağaçlı

---

10 Harar: "Telis" de denilen normalden büyük çuval.

11 Baytar: Veteriner.

sokakların, İstiklal Mahallesi'nde... Artık "yumulmaç"[12] mı oynarız, ışıl ışıl renkleriyle gözbebeklerimizi "gulle"[13] mi yapar "vuruş-karış"ta[14] "çatıriyeleriz?"[15], "çıtır"da[16] mı, "mors"ta[17] mı hangi masalda boy verdiğimiz bilinmez; babam kışlık yakacağımız çam talaşı doldurulmuş çuvalların, hararların üzerine oturmuş, terden cımcılık olmuş atıyla geçerdi yanımızdan...

Hergele Yolu'nda; şimdilerde yerinde park, cami ve Emniyet Müdürlüğü olan Şefik'in Bahçesi'nin tam karşısından İstiklal Mahallesi'ne girilen sokak, bizim eve çıkardı.

Evimize dönülen, hızarcıların sıralandığı sokağın başlarında, solda, "Katlı İplik Fabrikası" bulunurdu. Binanın, "Reci" diye de adlandırılan Tekel'in tütün deposu olarak kullanılması, iplik fabrikası kapandıktan sonradır. Tütün deposu 1980'lerin ortasında, Tekel'in D-400 Karayolu bitişiğindeki fabrikasına taşındı. Bitpazarı'nın "kuluncundaki"[18] Sebze Hali de bozulup yerine Kocavezir İş Merkezi ve bir park yapılınca buradan, kısa bir süreliğine Yeni Sebze Hali olarak yararlanıldı.

***

Ünleri Hergele Yolu ve çevre mahallelere yayılmış Oduncu Kaplan, Sandıkçı Emin, Keresteci Rıfat ve ortağı Bayram'la Marangoz Necip'ten bazı bazı iş çıkardı babama.

---

10 Harar: "Telis" de denilen normalden büyük çuval.

11 Baytar: Veteriner.

12 Yumulmaç: Bir çocuk oyunu, saklambaç.

13 Gulle: Cam misket.

14 Vuruş-karış: Ayakta, yürüyerek de oynanan cam misket oyunu.

15 Çatıriye: Cam misket oyununda misketlerin istenmedik biçimde çarpışması.

16 Çıtır: Yere çizilen daire içinde oynanan cam misket oyunu.

17 Mors: Cam misketlerin belirli bir üçgen oluşturularak oynandığı oyun.

18 Kulunç: Sırt.

Oldum olası Yeşilçam filmlerinin karakter oyuncusu Hayati Hamzaoğlu'na benzettiğim Oduncu Kaplan Abi'nin, az rastlanır bir tren kazasında öldüğünü duyduğumda; İstiklal Mahallesi'nden ayrılalı yıllar olmuştu!

Ara ara ölüm haberlerini işittiğim mahallemin eski insanları, birer ikişer eksilerek veda ediyordu geride kalanlara...

Arabacı Hanı...

Briketçi Hasan'ın Hergele Yolu kıyısındaki atölyesinin hemen ardında bir "Arabacı Hanı" vardı. Han; baş edilemez yoksulluğun "bitirdiği" bekâr, kimsesiz faytoncuların, arabacıların "yuva" saydıkları; yarısı ahır, diğer yarısı yiyip içtikleri, uyudukları yıkıntı bir yer!

"Arabacı Hanı" dediğime bakmayın; aslında orası At Cambazı[19] Kara Cumo'nun; briketlerin samanlı çamurla birbirine tutturulduğu, damı paslı çinkolarla kapatılmış sarayıydı! Kara Cumo ve arkadaştan öte "gardaş saydığı" arabacılar; akşamları ucuz, "sinekli şaraba", çoğu zamanlar "pata'ya vururlar",[20] ellerindeki birkaç lirayı da birbirlerine aktararak kumar oynarlardı!

Şarap parası bile olmayanlar, ispirto içer ya da o gün biraz para kazanabilmiş arabacıların "Binlik Hasan Dede Şarabı"ndan otlanmanın bir yolunu ararlardı.

***

Kara Cumo'nun "Arabacı Hanı"nın arkasındaki hızarlardan çam kokusu saçılırdı sokağa... Babamın her sabah işe giderek her akşam biraz daha yorgun, tükenmiş döndüğü, böylece yaşlandığı ve bir gün öldüğü sokağa...

---

19 At Cambazı: At alım satımı yapan kişi.

20 Pataya vurmak: Esrar içmek.

Mahallenin çocuklarının, ilk çıraklıklarını yaşadıkları; hızarların, odun depolarının "çocuk tacizi" öykülerine mekân olduğu sokağa...

Sonraları, yaz tatillerinde camilerdeki "Hoca"ya, Kuran kursuna giderken geçtiğim; çam, meşe, kavak ağacı ölülerinin depolandığı sokağa...

Annelerinin eteğini çekerek tepine tepine ağlayan çocuklara "eskimo",[21] "çörek",[22] "Ramazan Gülü"[23] ve uçan balon sattığım sokağa...

"Annem annemsin; n'olun bi çörek al gız..."

***

"Hergele Yolu" sözcüklerini bir arada söyler ve düşünürken Yazlık Çiçek Sineması'nı atlayamazsınız!

Bu yolun çok önemli simgelerindendi, o sinema... Bilinmeyen adreslerin tanımı yapılırken adı anılmadan geçilemezdi!

İşte bu Çiçek Sineması'nın tam karşı köşesinde dükkânı olan Berber Zihni de Hergele Yolu'nun değişik, ilginç kişilerindendi. Berber Zihni, içti mi "Allah'ına kadar" içen; ama o "pis içkiciler" gibi kimseye sataşıp sövmeyen, gecenin bir yarısı "of çekmeyen" birisiydi.

Onu asıl anımsanır yapansa ev ev dolaşıp toplayabildiğince; saksı saksı çiçeklerle dükkanını süslemesiydi.

Yıllar sonra duydum ki Berber Zihni'yi, İstanbul'da bir kavgada kafasına sopayla vurarak öldürmüşler!

***

"Bu Akşam", "Gelecek Proğram" ve "Pek Yakında" gösterilecek filmlerin "gartele" panolarını izlemek için bile olsa; sevinçli bir şarkı gi-

---

21 Eskimo:Teneke bir kalıp içerisinde dondurulmuş şekerli ve boyalı su.

22 Çörek: Simit.

23 Ramazan Gülü: Yalnızca oruç aylarında üretilip satılan susamlı pasta.

bi evden koşarak çıktığımda, Çiçek Sineması'yla arasındaki iki sokağı "üç adımda" aşardım...

***

Hergele Yolu bitimindeki Hacıbayram Camisi'ne kadar olan "hocaya gidiş yolu"nu da; faytonların arkasında bulunan gölgelik demirine asılarak kısaltır, kolaylaştırırdım. Bir de Karacaoğlan Caddesi'ndeki Toptancı Bakkal Mahmut'a, evlerinden sefertasıyla yemek getirirken asılırdım faytona.

Çırağı olduğum Mahmut Abi'nin evi "Ali Fakılılı'nın tay kovaladığı yer"de,[24] ta Kıbrıs Caddesi'ndeki Derya Sineması'nın sokağındaydı... Akranım çocukların en büyük eğlencelerinden olan bu "faytona asılmalar", faytoncunun kırbacıyla sonlanırdı. Geriye dönüp kırbacını arkaya savurduğunda sırtımızda, ensemizde şaklayan kırbacın acısı yakar, kavururdu tenimizi. Bir de gıcık vermez miydik adama, ardından 'zort çekerek!':

"Arabacı...Arabacı...Vursana kırbacı! Vuramazsın 'kerhaneci'..."

"Hoca"ysa orada, Hergele Yolu'nun sonunda, Kuruköprü-Karacaoğlan Caddesi çatalındaki Hacıbayram Camisi'nde; elinde kırılmaz, yaş bir değnek, yüzüne tutkallanmış cehalet karası; sevgisiz, korkutucu ve bağışlamaz bir öfkeyle beklerdi biz "Kuran kursu talebelerini."

"Hoca'ya gitmek"ten, ardı arkası kesilmeyen çıraklıklarım yüzünden "kurtulabildim!"

***

Hergele Yolu'ndan sağa, İstiklal Mahallesi'ne döndüğümde; "sokağımızın kabadayısı" İskender'in evlerinin önündeki karadut ağacının gölgesinde oturmuş tavla oynarlarken ya da çiğ pastırmayı meze yap-

---

24 "Ali Fakılılı'nın tay kovaladığı yer": Adana yöresinde uzaklık anlatır bir tanım.

mış rakı içerlerken görürdüm onları: Oduncu Kaplan, Marangoz Necip, Keresteci Rıfat, ortağı Bayram...

İyice karalaşmış mora çalan dutlar sapır sapır dökülür, "betonlaşmış" toprak sokakta ezilir, yere yapışır, üzerlerine karasinekler çokuşurdu...[25]

Onları az geçince de sağda, bir zamanlar akşamları öğrenim verilen bir okul bulunurdu. Okul, uzun yıllar önce; çok güzel gasnaklılar yapan Adnan Abi'yle ailesinin o aralar içinde barındığı büyük, sarı, tek katlı bu binadaymış.

Binanın Hacı Ömer Sabancı'ya ait olduğunu söylerlerdi.

İstiklal Mahallesi'nde Sabancı'ların hemşerisi, köylüsü olan birçok Kayserili yaşar, onun fabrikalarında bu yüzden kolaylıkla iş bulur, çalışırlardı.

Binanın diğer evlerle arasındaki küçük boşlukta; arkadaşlarımı, "gol atan kaleci" adını verdiğimiz bir futbol oyununda görürdüm çoğu kez.

Yaptıkları, benim gibi "hocaya gitmek" değil, yaz tatillerini sokakta gönüllerince oynayarak geçirmekti. İşte en çok da bunun için, babama kıza söve çıkardım o hep güneşte kavrulan Hergele Yolu'na...

Akşam, evde deseydim ki "Ben artık hocaya mocaya gitmiyorum!"; alimallah kırbaçla gebertmez miydi beni ve beni "kayıranları"[26] babam?

Kırbaçla, hiç acımadan!

Faytona "Asılmış" Yolcu Çocuk...

Sağda, görüntünün sıcakta dalga dalga oynaştığı, havaalanı yönüne giden, güneşe sere serpe uzanmış Hergele Yolu...

Yaşlı ve yorgun atlarıyla uzakları yakın ederek gelen bir fayton...

Hızını kollayıp yanımdan geçerken tutunuveriyorum arkasındaki gölgelik demirine.

---

25 Çokuşmak: Üşüşmek, doluşmak.

26 Kayırmak: Arka çıkmak.

Biri beyaz, biri kestane renkli iki "üllüz"[27] atın çektiği fayton; koşumlardan çıkan şakırtılı tınılarla hiç acelesiz salınan yolcuları ve arabacısıyla, onların hiçbirinin göremediği beni; hiç bitmesin istediğim bir yolculuğa çıkarıyor.

Faytonun gittiği yönün tersine akan görüntüde bir adam, Çiçek Sineması'nın önündeki duvara, "Adana'da İlk Defa" gösterilecek bir filmin "kartela"[28] panosunu yaslıyor. Filmlerin birinin kartelasında Türkan Şoray bu kez sarışın; İzzet Günay ne kadar da kederli... "Vesikalı Yârim" yazıyor kartelada; Reji: Ö. Lütfi Akad...

Bir aşlamacı,[29] güğümünü omzunda eğdirip sarı bakır bir kâseye dolduruyor. Köpükleniyor, şişiyor; kâseden taşıyor aşlama.

Doğumevi önünde tablasındaki buz kalıbına hintincirlerini[30] özenle yerleştiriyor bir incirci... Beyaz önlüklü satıcı, tezgâhına döşediği Ecevitmavisi naylonun ortasındaki siniden, bicibiciyi[31] kalıp kalıp keserek cam tabaklara doğruyor. Artık iyice incelmiş buz kalıbını rendeleyip birer avuç buzu tabaklara üleştiriyor. Pudraşekeri, serpelenen gülsuyu ve kırmızı boyayla nemeriyor... Bir genç kız, "Ben bici değil, karsambaç[32] istemiştim..." diyor.

Sattığı şalgamın boyasından parmakları morarmış şalgamcı,[33] yiyeceği "kazan çöreği"ne[34] katık olarak "acılı-deneli" şalgam isteyen nalbanta, soğuğundan buğulanan bir bardakla uzatıyor şalgamı.

---

27 Üllüz: Zayıf, kuru, çelimsiz.

28 Kartela: Film afişi.

29 Aşlama: Demlenmiş meyan kökü suyu.

30 Hintinciri: Genellikle Çukurova'da yetişen kaktüs türü bitkinin çekirdekli meyvesi.

31 Bicibici: Nişastadan kaynatılarak elde edilen tatlı türü.

32 Karsambaç: Kar ve pekmez bulunamadığında rendelenmiş buz, kırmızı boya, gül suyu ve pudraşekeriyle oluşturulan soğuk tatlı.

33 Şalgam: Suyun kırmızı havuçla renklenmiş, ekmek mayası ve setikle ekşitilerek yeni bir içeceğe dönüştürülmüş hali.

34 Kazan çöreği: Simidin kazandaki pekmeze banılarak pişirilmişi.

Çocukların, avlusundaki tulumbadan su çekip "curun"unda[35] çimdikleri bir evin önünde iki büklüm, yorgun bir dut ağacı... Üzerinde kalınca bir dala ayaklarını vurarak olgunlaşmış dutları silkeleyen bir adam... Aşağıda dört kişinin dört ucundan gererek açtığı mavi, sarı, pembe çizgili "savan"a[36] dolu gibi yağan, balı emilesi dutlar...

Karşıdaki Ziya Gökalp İlkokulu'nun kel bahçesi, Doğumevi'ne yapışık Nuri ve Zekiye Has İlkokulu'nun ağaçlı ve gölgeli, çocuksuz ve lâl yolları; her zaman olduğundan çok daha hüzünlü bir yalnızlıktalar...

Bir adam, okulun alçak ve yarısı tel örgülü duvarına yasladığı bir bulgur eleğine, kırmızı 10 kuruşlar, beyaz 25 kuruşlar atacak "avel"leri[37] bekliyor. Elek gergin, beyaz bir örtüyle sarmalanmış... Para, eleğin örtüsüne çarpıp yere düşerse kendisi, içinde kalırsa iki misliyle atan kazanacaktır.

Gözleri "fel-fecr okuyan"[38] bakkalın, önünde boğum boğum dizili şekerkamışları... Elleri keskin bıçaklı gençler, uçlarını iyice sivriltip incelttikleri şekerkamışlarını "çekişiyorlar!" Gençlerden hangisi bıçakla kamışı daha iyi dengeleyebiliyor, olduğu yerde hızla bir-iki kez dönebiliyor; kaç kez sallayıp en çok kaç parçaya bölüyorsa, şekerkamışı onun oluyor...

Okul duvarının sağından, Şehir Sineması'na döner yolun karşısında kalaycılar, at arabası tamircileri, kaportacılar; koyu bir is ve duman tabakası eşliğinde çay ve sigara içiyor, karpuz-peynir-ekmekli kahvaltılarını yapıyorlar...

Yeniyetme bir kaportacı kalfası, yandan yandan; ustasının okuduğu "Hafta Sonu" gazetesindeki Melek Görgün'ün[39] çıplak göğüslerini iç

---

35 Curun: Tulumba ya da çeşmenin önündeki küçük havuz.

36 Savan: Kilimden daha büyük yer örtüsü.

37 Avel: Aldatılmaya yatkın. Saf.

38 Gözleri "fel-fecr" okumak: Uyanık, hesapçı, hiçbir şey yutturulamayacak kişi.

39 Melek Görgün: 1960'lı yıllarla 70'lerin başında Yeşilçam filmlerinde soyunarak oynayan Adanalı oyuncu.

geçirerek dikizliyor, bir alt fotoğraftaki Feri Cansel'in[40] kalın ve parlak bacaklarına, o ancak Adana'da bir geneleve düşerse dokunabileceğini aklından geçiriyordu...

Sakal ve bıyığı, bir an önce çıksın diye iki günde bir yüzünü jiletle kazıyan bir çırak; "sota[41] bir yerde" ustasının cebinden yürüttüğü Bafra sigarasını tellendirirken düşünüyordu:

Özgürce sigara içebileceği, kalfası gibi kapıdaki bekçiye para vermeden de "Aşağı Mahalle"ye[42] girebileceği günler bir an önce gelseydi, n'olurdu sanki?

Yorgan sırıyıp kilim dokuyarak evini geçindirmekte zorlanan usta, karısının yaptığı "kaynar"ı ölçüsüz içtiği için "ötürük"[43]olmuş, akşamdan beri her on dakikada bir "yüznumara"ya[44] gidiyor.

Çizgili pijamasını üzerinden hiç çıkarmayan öksürüklü, hasta bir dede; dudaklarından eksik olmayan sigarası; bir duvar dibine çömelmiş, torununa "kargı"dan[45] kaval yapıyordu.

"Man" marka kamyonun karpuz dolu kasasına tırmanan bir genç; kolayca "uçurduğu" karpuzu sevinçli bir yumrukla parçalayıp avuç avuç ağzına tıkıyor...

Köşede bir seyyar kebapçı, tablasının başında sabırsız bekleşenlere; yoldan kalkan tozun yapıştığı, üzerinde az önce karasinekler oynaşan ciğer kebabını "sokum"[46] yaparak satıyordu.

Akranım bir çocuk; fıldır fıldır bakışları, insanları acındıracak ses

---

40 Feri Cansel: Benzer yıllarda Melek Görgün gibi çıplaklığıyla filmlerde ünlendiği sıralar, öldürülen oyuncu.

41 Sota: Gözlerden uzak, gizli.

42 Aşağı Mahalle: Adana'da o yıllarda genelevlerin bulunduğu bölgeye verilen ad.

43 Ötürük: İshal.

44 Yüznumara: Tuvalet.

45 Kargı: Uçurtma ve sepet yapımında kullanılan kamış.

46 Sokum: Dürüm.

tonuyla bağırıyor: "Asskimo var, asskimo... Çukulatalı, limonlu farbıka askimosu!"

O zamanlar "Sana Yağı" kutuları, tıpkı sandıkçı Emin Abi'nin mahallenin genç işsizlerine çaktırdığı sandıklara benzer ve kavak ağacından yapılmaydılar.

Daha sonra, bir aralar eskimo satıcılığına "yükseldiğimde" yapacağım gibi, eskimo satıcısı çocuk; bir "Sana Yağı" kutusundan oluşturduğu sandığının iç çevresini gazete kâğıtları, karton parçalarıyla hava almaz biçimde kaplamış, içine Eskiistasyon'un yan sokağındaki Eskimo Fabrikası'ndan aldığı eskimoları özenle dizmişti. Oğluna kıyamasa da "ıcık"[47] ezilmesinin ileride yararını göreceğini düşünen annesi, eski bir "peşkir"[48] vererek eskimolar erimesin diye üzerini sıkıca örtmesini tembihlemişti.

O, her ne kadar peşkirle meşkirle örtse de sıcağa dayanıksız eskimolar bir süre sonra erimeye başlayacaktı. Eskimo yiyen herkesin "çikolatalı" sanarak aldığı kakaolu, kahverenginde, şekerli buz parçaları iyice eriyince; satıcı çocuk birazını kendi yiyip kalanını "çiftini on kuruşa" indirerek tüketirdi.

Eriyen boyalı ve şekerli buz parçaları, çocuğun omzuna astığı sandıktan kalçasına; annesinin dikip giydirdiği siyah pazen şortundan artan bacaklarına damlar, yapış yapış ederdi...

O anlarda, bu masaldan yorulan eskimo satıcısı çocuk da tıpkı benim gibi, ayağında pas izi bırakan teneke mandallı mavi naylon sandaletini çıkarıp içindeki minik taş parçasını atarken; faytoncunun kırbacı ensemde şaklar, bütün bunlar Hergele Yolu'nun sonundaki çatala varıncaya kadar o tuvalde böylesi resmolurdu...

---

47 Icık: Azıcık.

48 Peşkir: Yüz havlusu.

Eskibaraj'dan Ovaya Uzanan Kollar: Sulama Kanalları...

Hergele Yolu'nun adı, bir aralar Doğumevi Caddesi'ydi. Şimdi Bakımyurdu Caddesi.

Çoktandır da Şefik'in Bahçesi'nin olduğu yerde; bakımsız bir park, cami ve Adana Emniyet Müdürlüğü binası yer alıyor.

Emniyet Müdürlüğü buraya taşındıktan sonra çevresine lokantalar, kebapçılar, ticari taksi durağı, benzin istasyonu konduruldu. Elbette Emniyet Müdürlüğü'ne işi düşüp beklemesi gerekenler, emekliler ve çevredeki işsizler unutulmamalı, mutlaka kahvehane eksiği giderilmeliydi! Bunların dışında, önemli bir "eksik", otopark için; İstiklal Mahallesi'ne girilen hızarcılar sokağının köşesinde acilen bir yer "ayarlanmalıydı", gecikilmedi!

Adana Büyükşehir Belediyesi de halka düşük fiyatla ekmek üretip satan fabrikalarından birini, Hergele Yolu üzerine kurdu. Burada satış büfelerine verilen ekmekler üretiliyor.

Bugünkü görünümünün gerisinde, zaman zaman çocukluk yıllarımdan kimi fotoğrafları böylesi ayrıntılarla anımsar hüzne keserim!

Yanları yer yer sazlıklarla kaplı, okaliptüslerle gölgelenmiş bir sulama kanalı, o zamanlar daha kurulmamış olan Marsa Yağ Fabrikası'nın olduğu yerden geçer; D-400 Karayolu'nun altından kıvrılıp Erkek Lisesi, Motor Meslek Lisesi ve Yapı Sanat Okulu'nun önünden süzülürdü... Dereden az derince, bütünüyle toprak bu kanalda sular boz bulanık akardı. Bizden daha büyük yaşlardaki gençlerin yüzdüğü bu kanalda da boğulan olmuş mudur bilemeyeceğim?

Eskibaraj'dan kanallarla ayrılan Seyhan Nehri suları, Kanalköprü'den sonra Denizli Mahallesi kavşağına varmadan sola kıvrılarak bu toprak kanalla İstiklal Mahallesi'ne doğru kayardı.

Peki nereye kadar? Aşağılarda bahçecilik, bağcılık yapılan güney mahallelerine; sulama gereksinimi için toprak insanlarına ulaşıncaya...

Elbette o yıllarda da şimdi olduğu gibi Eskibaraj'dan dallanıp doğu ve güneyde Sepici, Kiremithane ve bütün Yüreğir; batıda Yeşiloba, Dikili, Zeytinli, Yenice yönünde akar, Akdeniz'e dökülünceye kadar da her yıl yaz aylarında on beş yirmi çocuğu yutardı!

Eski sinema-tiyatro oyuncusu, şair ve yazar Nihat Ziyalan'la yaptığım bir söyleşiden[49] öğrenmiştik ki Ziyalan, çocukluk arkadaşı Yılmaz Güney'le Kanalköprü'de bu sulama kanalında "çimerlerken"[50] tanışmışlar...

Biz de yüzmeyi öğrendiğimiz, Özen Dolmuşları'nın eski son durağında, karşıya geçilen yaya köprüsü altındaki sulama kanalında akıntıda ölümle oynaşırken, yukarıdan geçen kızların bacaklarını görebilmek için az mı çabalardık?

O yıllarda Kurban Bayramı gelmeden aylar önce; daha kuzuyken alıp beslediğimiz koyunları, Erkek Lisesi'nin arkasından geçen bu toprak kanalda abimle birlikte yıkadığımız, ışıl ışıl görüntülerle belleğimdedir.

Yağmursuz yaz günlerinde sulama kanallarından beslenen Çukurova topraklarında tarımın olanca bereketiyle sürdüğünü, bugün ellili yaşlarını sürenler rahatlıkla anımsıyor.

O zamanlar Erkek Lisesi'yle Meslek Liseleri arasındaki, şimdiki adıyla Ferit Celal Güven Caddesi'nin kıyısından geçen toprak sulama kanalını artık elbette göremeyiz.

Şair dostum Mehmet Hameş'in, ünlü şair Hasan Hüseyin Korkmazgil'le Çukurova üzerine yaptığı bir söyleşiden de[51] öğrenmiştik ki,

---

49 Duran Aydın: Nihat Ziyalan'la Söyleşi: "Yılmaz Güney'i Kanalköprü'de Çimerken Tanımıştım." Turunç Kültür Sanat Dergisi, Sayı: 6, Ocak-Şubat 2011.

50 Çimmek: Yıkanmak, yüzmek.

51 Mehmet Hameş: Hasan Hüseyin'le Söyleşi: "Çukurova, Anadolu'yu Emziren Bir Ana Gibidir." Akdeniz Yazın Seçkisi, Sayı: 2, Temmuz-Ağustos 1983.

Hasan Hüseyin 50'li yıllarda Adana Erkek Lisesi'nde öğrenciyken okulun arkasından geçen bu yola "Çörçil Caddesi" derlermiş.

Önce yıkıntılarla doldurulup asfalt ziftinin, sonra kaldırım betonunun altına gömülen kanal; o zamanlar bu caddenin sonunda, Hergele Yolu'yla kesişirdi.

Şimdiyse, kanalın Hergele Yolu'na ulaştığı noktadan sağa dönüşte, sayısı giderek artan "Özel Poliklinikler" yer alıyor. Birkaç doktorun gruplaşarak küçük çapta bir hastaneye dönüştürdüğü poliklinikler, ucuz tuttukları fiyatlarıyla çevredeki yoksul ve güvencesiz insanlara sağlık hizmeti sunuyor.

Meydan Mahallesi'yle "sabah akşam yüz yüze bakan" Emek Mahallesi kıyısında kurulan semt pazarıysa Kurban Bayramları öncesinde canlı hayvan alım satım yerine dönüşür.

Zamanında hergelenin gelip yayıldığı Emek Mahallesi'nde çok katlı apartman hayatına uymaya çalışan Adanalıların bir bölümü, Sigorta Hastanesi'nin küçük bir birimi mahalleye yapılınca az da olsa rahatlamıştı. Çünkü böylece daha uzaklardaki hastanelere değil, çok yakınlardaki bu birime gidiyor, muayene olabiliyorlardı...

Emek Mahallesi'ndeki Necati Bey İlkokulu'nda kimler okumamıştır ki? Çevre mahallelerden bu okula öğrenime gelenler, evlerine yakın okullar yapılınca bu okullara gitmeye başladılar.

Bir de, Emek Mahallesi adı her geçtiğinde Köy Enstitülü öğretmen ve öykü yazarımız Turan Altuntaş'ı anımsarım.

Edebiyatımızın o babacan tavırlı Turan Abi'sinin evi Emek Mahallesi'ndeydi. Ölümünden sonra da eşi "Saraylı Nurten" Abla o evi satmadı; orada yaşamayı sürdürüyor... du! Bu kitabın son düzeltmeleri yapıldığı günlerde Turan Abi, Saraylı'sını yanına çağırdı...

Turan Altuntaş'la M. Nuri Ayvalı'yı o dönem Adana'da yaşayan edebiyat, sanat çevresinden herkes bilir, severdi. Çünkü her ikisi de edebiyatın, sanatın insanı, toplumu değiştirip dönüştürmek gibi bir işlevi olduğunu düşünen, TÖS, TÖB-DER, EĞİT-DER gibi kuruluşlarda görev almış, tutuklanmış, hapisliği tatmış, devrimci; yazdıklarıyla da düşüncelerini hayata geçirme uğraşında olan insanlardı. Gerek sanat anlayışı ve gerekse siyasi görüşlerinden dolayı da yakın arkadaşlardı.

M. Nuri Ayvalı, dostu Turan Altuntaş gibi öyküyle değil "şiirle dövüşüyor"; Çukurova'nın bu iki rafine sanatçısı dünyanın, hayatın edebiyatla da güzelleşebileceğine inanıyordu.

Altuntaş ve Ayvalı; bir dönem Adana'da yaşayıp Çukurova Üniversitesi'nde görev yapan şair Adnan Yücel'le de çok sıkı arkadaş olmuş, çeşitli etkinliklerde bir araya geliyorlardı.

Şimdi her üçü de aramızda yok! Bu dünyadan uğurlamadan hemen önceleri, Adana'da yayımlanan bir dergide onlarla görev almaktan onur duyarım.

Ölümleri, uzun aralıklarla olmadı. Birbirine yakın yıllarda uğurlandılar.

İşte, bir bakıma Turan Abi'yle de özdeşleşen Emek Mahallesi ve Hergele Yolu, D-400 Karayolu'nu görmez; Havaalanı önünde biter.

Hemen orada yol sağa kıvrılır.

"Güney Sanayi Evleri"ni yalayıp geçen cadde, Trafik Şube Müdürlüğü bitiminde D-400'le sarmaşır, Adana'yla Mersin'i birbirine ular.

"Otoban"dan değil eski yoldan gidilirse Tarsus'tan sağa bükülür, Toros'ları yarar, Ankara'ya doğru uzar...

İstiklal Mahallesi'nden Tozu Alınmış Yıllar

Çocuksuz Ölüler

Başıboş mahallede
Toz içinde çocukluğun
Eski evlerinde
Anneler vardır
- Güzel güzel
Ölü anneler

Gölgesinde zamanın
Ağlaması gizli
Sevgisi uzaktan kor ateş
Sofraları yeşerten babalar
- Dağlar boyunca
Ölü babalar

(Duran Aydın)

Benim 'Adanalı Yılmaz Güney'im...

Adana göklerinden mahallemize düşen yıldız sayısı kaç "yüzbin-milyar" taneydi, hangimiz bilecektik bakalım?

Sanki o yıllarda geceler daha karanlık, yıldızlar "zibil gibi" ve çok parlak; bu yüzden de hem çok yakın, hem çok, çook uzaktılar...

Yıl 1970'e ulaşmadan, "gâvur sıcaklarında" yaz aylarının, geceleri yoksul evlerimizin serin damlarında gülüşerek bahse girerdik:

"Bu konuşan Cüneyit olliş!"

"Get lan, Ayhan Işşık o..."

Kaybeden, Bakkal Rafet Emmi'den alınacak şekerkamışından birazcık somurtturacaktı kardeşine, ya da "çikolatalı eskimosu"ndan bir parça...

Uzun boylu evler yoktu İstiklal Mahallesi'nde; şimdi de olmadığı gibi.

Yazlık Zafer, İstiklal, Çiçek, Esendam, Şehir, Derya, İstanbul, Işık ve Güney Sineması'nda gösterilen filmlerin müziği, atların nal tapırtısı, o abartılı yumruk-silah sesleri, daha "Tecavüzcü Coşkun" ve Nuri Alço ortalıkta yok ve Vahi Öz gırtlağını yırtarcasına konuşurken, Önder Somer, Hüseyin Baradan, Ahmet Tarık Tekçe, Turgut Özatay ve en çok da Erol Taş'ın "filmin yiğit oğlanı"nı öldürme ya da "güzel kızı"na tecavüz aşamasındaki o pis gülüşleri, trenlerin taa Yeniistasyon'dan evlerimize kadar gelen düdük seslerine karışıp ninnileşerek cibinliği okşar, uykularımıza arkadaş olurdu.

Ya Kenan'dı ya Ali... Bir gün, "alganlı kuşu"[52] muzu göklere dikmiş konuşurken; artistlerin, atların, taksilerin filan, gündüzden sinemanın perdesinin arkasına gizlendiklerini söylemişti de inanmıştım!

İstiklal Mahallesi'nin, çoğu kerpiç (duvarının bir köşesinden ucu çıkmış kargıları söküp "gasnaklı"[53] yaptığımız), öylesine yana yatmış gariban görünüşlü çinko damlı evleri; çok sonraları Sevgi Soysal'ın (Adana'da sürgünde bir dönem yaşadığı için) "Şafak" adlı romanının giriş tümcelerinde de yer alacaktı. Hidayet Karakuş'un Adana'daki öğretmenlik yıllarında İstiklal Mahallesi'nde yaşadığının tanığıyım. Özcan

---

52 Alganlı Kuşu: Ancak makara ipiyle uçurulabilen, A-4 boyutlarındaki kâğıttan yapılma, 'cinkuşu' olarak da bilinen uçurtma.

53 Gasnaklı : Kamış ya da çok ince çıtadan yapılan uçurtma.

Karabulut ve Ahmet Erhan'sa yine bu mahallede öyküler, şiirlerle yıkanmış ilkgençlik düşleri peşindeydiler aynı günlerde, ayrı ayrı...

Yine elbette Orhan Kemal, Yılmaz Güney, Demirtaş Ceyhun ve Muzaffer İzgü'nün de Adana'da benzeri yoksul mahallelerde yaşayıp yazdıklarını ayrımsadıktan sonradır ki bu evlerden birinde doğup büyümüş olmaktan ayrı bir gurur kaynağı yaratır oldum kendime. Belki de bu gurur; anamızdan babamızdan miras olarak bize kalan yoksulluğun utancı ve kiniyle harmanlanıp daha o zamanlardan başlayarak "sınıfının farkına vardıran" ilk kıvılcımlara dönüşecekti.

Bir de şu çok önemliydi: Yılmaz Güney, İstiklal Ortaokulu'yla Erkek Lisesi'nde okurken İstiklal Mahallesi'nin bu sokaklarında koşmuş, kavgalar etmiş, bisikletiyle günler, geceler boyu gezmemiş miydi?

Kız kardeşi Leyla'yla Eskiistasyon'da tren raylarının arasına dökülen kömürleri topladığını da onun bir yazısından öğrenecektim. Sonradan, bir de "İzin" filminde Halil Ergün'den işitilecekti bu sözler.

O daha "Yılmaz Pütün"ken ailesiyle Karataş'ın Yenice Köyü'nden ("Boynu Bükük Öldüler" adlı romanında anlattığı gibi) büyük şehir Adana'ya göçtüklerinde, İstiklal Mahallesi'ne yan komşu Yeşilyuva Mahallesi'ndeki (şu an yine ayakta olan), samanlı çamurla sıvanmış bir eve yerleşirler.

Aydınlığında ders çalıştığını söylediği elektrik direği ve onun cılız ışıklı, sararmış sokak lambası... Evimizin tam arkasındaki, onun da bizler gibi portakal çalmış olabileceği bahçe... Ruhi Su, Hasan Hüseyin, Turhan Selçuk, İlhan Selçuk, Demirtaş Ceyhun, Yılmaz Güney ve daha birçok önemli insanın öğrenim gördüğü Adana Erkek Lisesi... Eskiistasyon'un tam arkasındaki İstiklal Ortaokulu: Önündeki bekçi kulübesinde giydiğini yazdığı ilk beyaz gömlek ve "cepli" kumaş pantolon... "Benim Adım Kerim" filminde ifade vermeye geldiğinde görülen Eskiistasyon Polis Karakolu... "Umut"ta Arabacı Cabbar'ın küçük çocuklarının koşuşarak kömür arandıkları Eskiistasyon'un kullanılmamaktan paslanan rayla-

O, Adana Erkek Lisesi öğrencisi ve 18 yaşındayken henüz 'Yılmaz Pütün'dü.

rı... Ondan gelen mektuplardaki (12 Eylül'lü günlerde ben askerken annemin, mahalleyi bir asker/polis araması öncesinde kitaplarımla birlikte yaktığı!) el yazısındaki adresim; "İstiklal Mahallem" benim!

İşte, "İstiklal'in çocuğu" olmanın bana o yıllarda verdiği çocuksu gururun kaynağındaki nedenlerden bazıları.

"Küncülü Çörek"le[54] "Zaman Gazozu"

Kırk iki, kırk üç yıl öncesi kış geceleri; komşu mahallelerin dumanlı sokakları da aynı yoksulluğun ve siyah beyaz yılların pençesinde, uzun metrajlı yağmurlarla yıkanırdı. Kışlık sinemalara gidişgelişler hep bu sokaklardan ve onların karikatürize evlerinin saçak altlarından olurdu: Döşeme, Kocavezir, Hurmalı, Mirzaçelebi, Yeşilyuva...

"Yılmaz Güney" adını yenileyin duyduğum yedi-sekiz yaşlarımda

54 Küncülü çörek: Susamlı simit.

o, "Kovboy Ali" filmini henüz bitirmiş olmalıydı ki bir gün, abimi arkadaşlarıyla konuşurken gördüm sokağımızın köşesinde: Zafer Sineması'nda gösterilecekmiş "Pek Yakında!"

"Kovboy Ali"ymiş filmin adı.

Yılmaz Güney'in "en müstesna" filmiymiş!

"Çok iyi nişancı" olduğu için birer birer gebertiyormuş kötüleri!

Ama ben onu çok sevsem de, kış gecelerinde ısınsın diye ayaklarım ayaklarının arasında uyusam da; abim beni elimden tutup sinemaya götürmezdi!

Çünkü zaten o, bisikletine de bindirmezdi beni!

Çünkü zaten o, kimi sabahlar; eskimo ya da Ramazan Gülü satarak kazandığı parasıyla Bakkal Rafet Emmi'den aldığı, ahırımızın hemen önünde kesekâğıdı[55] ve kartonları yakarak isli sıcaklığında cazır cazır pişirdiği "irişkin"i[56], "urup"[57] ekmeğin arasına çeker, ağzımı sulandırarak bana vermeden yerdi...

Ağlamaklı olduğumu gören babam, küçük "borç defterini"[58] elime tutuşturur ve "Hadi git, iki yüz elli gram da bize al... Bak tavuğumuz yeni yumurtlamış; annen yumurtalısını pişirir, hep birlikte yeriz oğlum!" der, gönlümü alırdı...

"Kovboy Ali", o "pek yakın" zaman gelince gösterilmeye başladı bir akşam Zafer Sineması'nda. Ve ben yine ağladım abim arkadaşlarıyla "Kovboy Ali"yi izlemeye bensiz giderken...

"Sus, zırlama!" dedilerdi annemle babam. "O senin büyüğün; seni peşine takmak istemiyor işte, n'apalım? Büyüyünce sen de gidersin sinemaya... Zıbar da uyu şimdi!"

---

55 Kesekâğıdı: O yıllarda şimdiki poşetlerin yerine kullanılan kâğıt torba.

56 İrişkin: Et sucuğu.

57 Urup: Çeyrek.

58 Borç defteri: Büyük alışveriş merkezlerinin olmadığı yıllarda, halkın mahalle bakkallarına borçlarını yazdırdığı defter.

Çocuklardan birisi Güney değildir; ama o, 1950'lerin başında Yeşilyuva Mahallesi'ndeki bu 'tek göz ev'le birlikte tanır Adana şehrini...

Büyümeyi bekleyemezdim. Onlar "Çirkin Kral"ı izlerken ben damda zıbarıp uyuyamazdım!

Uzun, dikine mavi çizgili pijamamla; annemle babama görünmeden, ablamın serinlesin diye güneş batar batmaz serdiği yer yatağından usulca kalktım. Ahırımızın tam önünden dama çıkılan tahta merdivenden inerek sokağa süzüldüm...

Onları iki ablam ve küçük kardeşimle "Mikrofonda Tiyatro"[59] ya da "Arkası Yarın"ı[60] lambalı radyomuzdan dinlerken bu yaşta, bu saatte terk edip sinemaya gidiyor ve Yılmaz Güney'i ilk kez o dev, beyaz badanalı briket duvarda görüyordum!

Çifte Fırınlar'ı geçince, Zafer Sineması'na çok az kala karanlık bir

---

59 "Mikrofonda Tiyatro": Televizyonsuz yıllarda TRT Radyolarında haftada bir tiyatro oyunları yayımlanan program.

60 "Arkası Yarın": 70'li yıllarda, hafta içi, her akşam; yine TRT Radyolarında tiyatro yapıtları yayımlanan program.

köşede, pijamam geldi aklıma! Sinemaya parasız girmek kolaydı; ya pijama? Annemin diktiği siyah pazen şortla girebilirdim...

Çıkardım pijamayı. Belime, atletimin altından incecikten dolayıverdim. Kalabalık, çocuklu bir ailenin arasına karışıp daldım içeriye. Girer girmez ilk dikkatimi çeken; elleri fenerli "teşrifatçıların"[61] koşaradımda, sinemaya gelenlere yer gösterip "bahşiş" almaları oldu.

Film başlar başlamaz değil, "Çirkin Kral" görünür görünmez koptu alkış!

Çok değil, on yıl önce Zafer Sineması'na da bisikletiyle film bobinleri taşımıştı belki de... Yetiştiği mahallenin insanları içinse o bir "kardeş", "abi", "arkadaş", "baba"ydı...

Onlar gibi ben de bir buçuk saat nefes almayı unuttum!

"Kovboy Ali" bitince yandı ışıklar.

Cızırtılı, 45'lik bir plaktan belki Nuri Sesigüzel, belki Yıldız Tezcan, belki de Ahmet Sezgin; sanırım şu türküleri söylediler: "Aynaya baktım / Saç beyaz olmuş / Neden rengim sararmış solmuş?" ya da "Fırat Kenarında Yüzer Kayıklar..." ya da "Beyaz Atlı Şimdi Geçti Buradan..."

Sıra sıra dizilmiş, mavi boyalı tahta sandalyeler arasındaki küçük sokaklarda gazozcular, "souk gazüz"lerini, gazoz açacağını şişelere vura vura satmaya başladılar.

Gazozlara, çöreklere, açmalara ağzım sulanarak bakarken abim belirdi tepemde! Asıldı kulağıma, çekti iki sıra geriye. Ağlamaya başlayacağımı sarkan altdudağımdan anladı.

Acıdı...

Çağırdı gazozcuyu sonra: "Bol küncülü bi çörekle, bi gazoz da çocuğa ver... 'Zaman Gazozu' olsun ha!"

İkinci filmi birlikte izledik:

"Kuyu..."

---

61 Teşrifatçı: Sinema ve tiyatro salonlarında küçük bir "bahşiş" karşılığı yer gösteren kişi.

***

Gazetelerde "mecmualarda" fotoğraflarını görüp ona ilişkin ("Üç Bilinmeyenli Eşitsizlik Sistemleri" adlı öyküsü "Onüç" dergisinde yayımlandıktan sonra aldığı cezayı değil elbette!) magazin haberlerini okurken okurken ilkokul da bitiyordu...

O önce halkın gözünde büyüyüp "ilahlaştı", sonra da bizim kuşağın ve benim... Kendini "ilerici, solcu, sosyalist" sayan birçok insanın bu "Yılmaz Güney sevgisi"nden beslendiği açıkça görülebiliyordu.

Özellikle hayatın bir ölçüde altında kalan, halkın umutsuz, yoksul kesimi yalnızca onda kendini buluyor, konumunu anlıyor, böylece sol düşünceye yakınlık duymaya başlıyordu.

Ondaki "sahicilik" bir kitle sanatı olan sinemanın diğer oyuncularında görülemiyordu. O, "bizden"di; diğerleri "artiz, sahte ve kartondu!"

Az konuşan, vara yok'a gülemeyen, ezik, sımsıcak bakışlı, "kedilere ağlayan, kuşların yasını tutan" bu kederli adam, bu "kömürcü çırağı"; sokaktaki babamıza, mapustaki dayımıza, şekerli sıcak suya ekmek doğrayıp yiyen komşumuza benziyordu. Onu hiç kimse yalılarda, köşklerde yaşayanlara benzetemiyordu...

O çocuk beynimde bile "Kovboy Ali"den bir iz kalmazken sonradan izlediğim "Aç Kurtlar", "Seyyit Han", "Kurbanlık Katil", "Hudutların Kanunu", "İnce Cumali", "Bir Çirkin Adam" gibi filmlerin peşinden Yılmaz Güney'i algılamaya başlamıştım...

"Umut", hemen ardından geldi!

Babam mı "Umut"un Cabbar'ı, Cabbar mı Babam?

Babamın dayatmasıyla yaz tatillerinde (ilkokul beş'ten başlayarak) orada burada çırak duruyor, bir yandan da camilerdeki Kuran kurslarına gidiyordum.

Bir gün kaçtım kurstan! Bir faytonun arkalık demirine asılarak Hergele Yolu'nu aşıp Kuruköprü'ye kadar geldim. Faytoncu kırbacını hafiften sırtımda şaklatınca da atladım!

Ali Menteşoğlu Caddesi'nde beş kuruşsuz yürüyordum. Hani insanın parası olmadığında canı her şeyi çeker ya... Hintinciri buza gömülü... Bicibici, karsambaç bol şekerli, kızıla boyalı... Aşlama buğulu cam bardakta köpürmüş...

Tablacıdan "tike"[62] kebap yiyen iki kişi, bir yandan da konuşuyordu:

"Heye lan, vallaha da oymuş! Film çeviriyormuş şo evin arkasında..."

Param olmadığı için kebap da yiyemediğimden onlardan önce bi koşu ulaştım oraya...

Dar sokak, sola dönmesem de iki ev sonra kördü, bitiyordu! İlerleyen herkesin görebileceği genişçe bir arsada, baktım, kendirle çerçevelenmiş görüntüde sayısı on kadar, "teker" de dediğimiz bisiklet ve bir o kadar çocuk... Kiralayan, bir yandan da onarımını yapan bir bisikletçi. Ortada koşuşan, gülen, bisiklete binmeyi düşe kalka öğrenen çocuklar...

Yardımcısı olduğu anlaşılan, oraya buraya telaşla koşuşan birkaç adam, bir kamera ve o: Yılmaz Güney...

Çocuğum ya, ufacığım ya; kalabalığı yarıp ilerlemem kolay oluyor. Önlerdeyim...

Başında beyaz, yazlık bir şapka. Bir de baston elinde. Simsiyah sakallarının arasında parıldayan bembeyaz dişleri...

Kızgın, gergin, dellenmiş!

Çekimi izleyen insanların gürültüsü daha da kızdırıyor onu. Bağırıyor, iskemleleri fırlatıyor, sövüyor! Çıkıyor ortadaki minibüsün üzerine. Elleri çenesinde, "it oturuşu"nda düşünüyor.

Dokunulan, işitilen cıvıltılı bir rüya...

Sonra ne oldu da terk ettim orayı?

Karacaoğlan Caddesi'nde, yanına çırak durduğum Toptancı Bakkal Mahmut'un, mağazanın mallarını at arabasıyla taşıyan babama, işe gel-

---

62 Tike: Kuşbaşı da denilen küçük doğranmış kebaplık et.

mediğimi söyleyeceğinden korkup istemeye istemeye uzaklaştım "Umut"un çekim yerinden; ne oldusu mu var?

***

Akşam olmaya yakındı.

Hacıbayram Camisi'nin önünden Şan Sineması ve Sebze Hali'ne giden Karacaoğlan Caddesi'nde; beyaz bir "İmpala", kuğu gibi süzülüyor...

Dükkânın önünde iskemleye oturmuşum. Mahmut Abi yok. "İmpala"daki diğer kişiyi tanımıyorum daha. Hiçbir yerden gözüm ısırmıyor; ama Tuncel Kurtiz desek de olur, o olsun; "Umut"un Hamal Hasan'ı...

Arabayı kullanansa öğleden önce gördüğüm sakallı, bembeyaz dişli, yazlık şapkalı; insanların tapınırcasına sevdiği "kızgın adam": Benim 'Adanalı Yılmaz Güney'im...

Az ileride Bit Pazarı... Öyle ya, 1970'in Haziran ya da Temmuz'u... Adana'da Güney'in çocukluğunun, gençliğinin caddelerinde, sokaklarında "Umut" filmi çekiliyor... Bit Pazar'ında geçen sahnelerin çekimi için sanırım, o yöne kayıyor "İmpala"; içinde Güney'le Kurtiz... Tuncel Kurtiz: En zor günlerinde kendisine "Sürü" ve "Umut"la iki kanat taktığını söyleyen Güney'in en yakın dostu...

Yol sisle kaplanıyor, "kalbimle örtülüyor!"

Görüntüler, öylece donuyor yılların ormanında.

Birkaç ay sonra "Umut" gösteriliyor sinemalarda. İzlerken babamla özdeşleştiriyorum perdedeki "arabacı"yı... Bir tek arabamız değişik: Cabbar insan taşıyor, babam yük... Filmde kayboluyor, karelerde eriyorum! (Yıllar sonra bir yerlerde, ünlü yönetmen Elia Kazan'ın da "Umut"u benzer duygularla izlediğini okuyunca hiç de şaşırmayacağım!)

Filme dahilim. "Umut" mahallemize, ailemize, sokağımıza, Adana'ya, hayatımıza dahil çünkü...

Cabbar, babam oluyor! Ben, o filmdeki küçük köpeğin, üzerinden yoğurt yaladığı, ağlayan çocuk...

Ablam; okulda yırtık pabucundan parmağı görünen, dersine çalışmamış kız!

Annem; tuz parasıyla bisiklete binen çocuğunu, evinin avlusunda kovalayarak döven, çaresiz arabacı karısı...

***

Güney'in, "Umut"tan sonra, "Ağıt", "Acı", "Baba" ve "Umutsuzlar" gibi filmleri çektiği o günlerde sık sık adlarını işitir olduğumuz Deniz Gezmiş'le arkadaşlarının solcu olduğunu öğrenen ben de (ona yakınlık duyan herkes gibi) "solcu" sayıyordum kendimi.

Ortaokulda, öğretmenimiz bir gün bir soruyla başladı derse: "Bu yıl, 'Orhan Kemal Roman Ödülü'nü hangi yazarımız aldı?"

Nereden bilecektik; Orhan Kemal kim, roman ödülünü kim aldı? Susan ve şaşkın şaşkın bakınan ortaokul öğrencisi bizlere; sonradan bir şair, roman ve oyun yazarı olduğunu öğreneceğimiz Türkçe öğretmenimiz Hidayet Karakuş, soruyu bilenimiz olmadığını anlayınca yanıtını kendisi verdi: "Bu ödülü alan kişiyi 'yazar' olarak bilenimiz pek yoktur; ama onu filmlerinden çok iyi tanırsınız! Büyük bir öykü ve roman yazarımız olan Orhan Kemal adına konan bu ödülü ilk kez, 'Boynu Bükük Öldüler' adlı romanıyla Yılmaz Güney aldı..."

Birkaç gün sonra Adana Erkek Lisesi'nin hemen yanı başındaki Çukurova Ortaokulu'nun bahçesinde; öğretmensiz, boş geçen derslerde, "teneffüs"lerde; neredeyse göğe değecek olan çam ve palmiye ağaçlarını kale direği varsayarak futbol oynarken, bu romanı okuyan sınıf arkadaşlarımı gördüm.

Türkiye'nin 12 Mart'a doğru salındığı o günlerde; Ulaş Bardakçı, Yusuf Küpeli, Mahir Çayan ve arkadaşları; onun verdiği söylenen bir tabanca ve birkaç yüz bin lirayla "devrim" yapamamış, Güney'se hiç de yabancısı olmadığı cezaevine yeniden konulmuştu.

O günlerde bir arkadaşımdan ödünç alarak okudum o romanı.

1973'te günlerden bir gün; öğretmenim Hidayet Karakuş'la Çukurova Ortaokulu'nun bahçesinde...

Okudukça roman satır satır bir film olarak canlanıyordu beynimde. Sanki romandaki başkahraman Halil, Yılmaz Güney; Emine'yse Nebahat Çehre'ydi!

"Yenice Yolları Bükülür Gider..."

Göz alabildiğine uzanan pamuk tarlalarını, denizini zaten biliyordum Yüreğir'in, Çukurova'nın. Sonradan okuduğum bir yazısından, o okuma sevdalısı küçük Remzi'nin Güney; Halil'inse babası Hamit Pütün'ün yaşamından birebir izler taşıdığını öğrenecektim.

Sanırım bende de ilk öykü ve şiir yazma tutkusunu ateşleyen, bu roman oldu. Yetmedi, o tarlaları bir daha göreyim istedim. Adı geçen köyleri; Yenice'yi, Kadıköy'ü, Yüzbaşı'yı, Malaçça'yı gezeyim, "Hamit Emmi"yi tanıyayım, soluyayım oralarda o havayı.

Evde, annemle babama yalvar yakar (taksitlerini kazandığım parayla ödemem koşuluyla!), hasta nazı yapa yapa bir "Mobilet" sahibi de olmuştum.

Bir sabah erkenden çalıştırdım motoru. Solaklı'yı geride bırakınca o romandaki tarlaların, toprağın kokusuyla doldu ciğerlerim. Yollar nasıl da kolayca aşılırmış, dünya ne kadar da küçükmüş... Tekerleklerin her dönüşünde "uzaklar" eriyordu önümde; Yenice ne ki?

Köyler geçtim... "Boynu Bükük Öldüler"in kahramanları; baktım yollarda, oralarda buralardalar! Ali Osman'ı, Hıdır'ı, Remzi'yi, Halil'i, Emine'yi; çamurlu yolları, sığırcıkları, turnaları, öküz arabalarını belleğimdeki tablolardan indirip manzaraya iliştiriyordum...

Babama benzeyen bir köylüye sorayım istedim; sordum da: "Hamit Emmi artık Oymaklı Köyü'nde yaşıyor." dedi adam.

Direksiyonda güvercindim! Yüreğir'in tarlalarına Akdeniz'den serpiliyordu rüzgârlar. Oradan da gönlüme, gömleğime! Tarlalarda ekili buğdayların, pamukların üzerinde uçuyordum!

Oymaklı'nın girişinde bir kahvede miskin miskin oturuyordu köylüler. Bir de onlara sormalıydım: "Napacan ki Hamit Ağa'yı?" dediler. N'apacağımı, onu neden görmek istediğimi ben biliyor muydum ki açıklayabileyim onlara?

Az sonra hafif yokuşlu bir yolu çıkarken göreceğim Hamit Emmi'ye de söyleyemeyecektim, kendisiyle neden konuşmak istediğimi. Onu, "Umut"taki küçük rolünden, bir de gazetelerdeki fotoğraflarından görmüşlüğüm vardı; hepsi bu! Az çok ezberimdeydi yüzü. Şalvarlı, kasketli, yemenisinin ökçesine basmış, uzun boylu, dev bir adamdı karşımdaki. Bildiğimiz köylü; Çukurova, Adana köylerinden bir köylü...

Gördüklerim bir filmden, bir romandan kurmaca bir sahne değil; "takır takır" gerçekti!

Ardı sıra havlayarak gelen köpekleri "hoşt"ladı. Aldırmadı köpekler; beni "yabansımışlardı!", "dertleri" benimleydi! Bir daha, bir daha... Usandılar sonra havlamaktan. Bir duvarın dibine, betonlaşmış taşlı topraklı yolun ortasına önce oturup sonra yayıldılar. Ayaküstü ne konuştuğumuzu "merak ediyor" gibiydiler!

Adıyla sormuştum ona kendisini. Niye çekinsindi ki benden; "Mobiletli bir çocuk"tum işte...

"Sorduğun adam benim, oğlum!" dedi.

Bakışlarındaki belirsiz anlam; ona kendisini neden görmek istediğimi anlatsam, bunu "salakça" bulan bir şaşkınlığa dönüşecekti. Bir roman okuyup orada anlatılan köyleri gezmek; roman yazarı aynı zamanda sinemadan tanınan ünlü bir kişi olduğu için, bu arada babasını da görmek istemek; benim yaşıma-başıma uymayacak bir şeydi!

Onun da okumadığı bir romanın izine düşüp "bir düşü yaşamak" ne demekti?

Bir ara geriye döndüğümde; "Umut"ta oğlu Yılmaz, yani "Arabacı Cabbar"la yemek yedikleri evi, sofadaki yığılı odunları, neyle dolu oldukları anlaşılamayan çuvalları; yine öylece "Umut"tan beridir fukara bir yalnızlık fotoğrafında bekleşir gördüm...

"Adana'da bir kızım var, Leyla..." dedi. "İtimat Dolmuşları'nın Kanalköprü tarafındaki son durağında oturur. Körkuyu'yu az geçince sağda. Peki sen nerede oturursun, kimlerdensin?"

***

Hamit Emmi'ye İstiklal Mahallesi'nde doğup büyüdüğümü, orada oturduğumu söyledikten on yıl kadar sonra, az görülebilir bir rastlantı sonucu; evinin yerini anlattığı kızı Leyla Abla'yla komşu olduk! Artık evimiz, onun evinin bir sokak arkasındaydı.

O ev hâlâ Yeşilyurt Mahallesi'nde "Yılmaz Güney'in bacısının evi" olarak biliniyor.

Mahalleye taşındığımızda, onların ailecek İzmir'e göçtüklerini söylemişlerdi eski komşuları.

Anlaşılan, 12 Eylül'ü izleyen yıllarda Güney'in cezaevinden firarından, Fransa'ya konduğundan hemen sonraları "rahat bırakılmayacaklarını" düşünüp bu evi ve Adana'yı terk ederek "arazi olmuşlardı!"[63]

Leyla Abla'nın küçük oğlu Levent'le, İstiklal Mahallesi'ndeki Buzcu Ahmet'in kahvehanesinden tanışıklığımız vardı; "Sürü" ve "Zavallılar"da oynayan büyük oğlu Göktürk'le değil.

Leyla Abla'nın eşi Ömer Demirezen; İzmir'de ölmeden az önce, birilerine bu evi sattı.

Bir ara duydum ki Levent, Adana TEDAŞ'dan emekli olduktan sonra "aile"den yakınlarıyla İzmir'de; Göktürk'se dayısının mezarının bulunduğu ülkede, Fransa'da yaşarlarmış...

***

Ölümünden önce; firardan, İmralı, Isparta, Toptaşı, İzmit ve Ankara Cezaevi'ne gönderilmeden 1976'da, yattığı Kayseri Cezaevi'nde bir "görüş günü" yüz yüze geldiğimiz Yılmaz Güney'in bu çok sevdiği kentte, Adana'da; yazdığı, görüntülediği insanlarla çok iyi bildiği sokaklarda, caddelerde dolaşırken, kimi anlar, onu aramızda duyumsuyorum.

Hani eskiden, çok eskiden; biz İstiklal Mahallesi'nde çocukken...

Yaz geceleri hani, "yüzbinmilyar" yıldızı saya saya bitiremezken...

Kara trenlerin Yeniistasyon'dan evlerimize kadar gelen düdük seslerinin, uykularımıza "arkadaş" olduğu günlerde hani; onu "Kovboy Ali"de ilk kez beyaz badanalı duvarda gördüğümüz yıllarda yani...

---

63 Arazi olmak: Ortalarda dolaşmamak, izini kaybettirmek.

Yani, "Umut"un başladığı Yeniistasyon'un önünden geçerken...

Bir de, bir de artık Adana'da bile birkaç tane kalan faytonlara rastladığımda en çok...

Eskiistasyon

1970'in ilk yılları Adana'da D–400 Karayolu diye bir yol bilinmezken Mersin–Tarsus, Ankara– İstanbul yönünden gelen araçlar; İstiklal Mahallesi'yle Döşeme Mahallesi'ne sınır Kurtuluş Caddesi'nden geçerlerdi.

Cadde üzerindeki Zafer Sineması'nın bir sokak ilerisinde bulunan Bisikletçi Yaşar Abi'den kiralayarak öğrendiydik "tekere binmeyi!"[64] Sonra sonra 1983'te şair arkadaşım Mehmet Hameş "kefil" olmuş, bir bisiklet almıştım! O yıllar değilse de 10 yıl kadar öncesinde böylesi mahallelerde bisikleti olan bile "zengin"den sayılıyordu!

Mahallede telefon bir ya da iki evde bulunur; Yılmaz Erdoğan'ın "Vizontele" filminde anlattığı gibi, televizyonun Türkiye'ye ilk geldiği günlerde "televizyon konukluğu"na gidilirdi...

Özellikle, Tarsus–Mersin yönünden gelen "Tok" minibüsleriyle otobüslerinin ve Denizli-Yeşilevler–Barkal-Yeşiloba dolmuşlarının yolcu indirip bindirdikleri "Çeşme Durağı"; Bisikletçi Yaşar Abi'den bir sokak berideydi. Yıkıntı bir duvarda bir sokak çeşmesi gerçekten vardı ve şimdi yok olan kültürel değerlerimizden sayılırdı.

Sokaklardan çeşmeler birer birer sökülecek, bir o mu kalacaktı? Şimdilerde orada o duvar da yok çeşme de... Kendi olmayan adı yadigâr kalan o "durağa" gelinince otobüs muavinleri hâlâ şöyle sorar yolculara: "Çeşme... Var mı inen?"

İşte bu "Çeşme Durağı"nın tam karşısındaki Döşeme Mahallesi sınırındaki evleri yıkmaya başladılar bir gün!

D–400 Karayolu'nun yapımı sırasında, belediye ekiplerinin "omi-

---

64 Tekere binmek: Bisiklete binmek.

Arşivler böyle söyler: 1930'larda Eskiistasyon..

silli"[65] evleri yerle bir edişi; bir zamanların "Milli Mensucat Fabrikası"nı yalayarak geçen Eskiistasyon'un, artık üzerinde hiçbir tren vagonunun salınmadığı raylarının da sökülmesi anlamına geliyordu. Geniş, uzun kamyonların, otobüslerin sayısının her geçen gün artması; İstiklal Mahallesi'ni Döşeme Mahallesi'nden ayıran Kurtuluş Caddesi'nin tıkanıp boğulmasına neden oluyordu.

Eskiistasyon; D–400, D–400 olmadan önce de İstiklal, Döşeme, Denizli, Sakarya, Yeşilevler gibi mahalleleri bölerek geçen, Şakirpaşa Durağı'ndan sonra Tarsus–Mersin yönüne uzayıp giden raylarıyla efsaneleşmiş; klasik kasaba istasyonlarındaki gibi ahşap yapısıyla günümüzde "Engelli Çocuklar Okulu" olarak orada, çam ve palmiye ağaçları arasında durur... Hiçbir zaman gelmeyecek yolcular, artık gidecek bir yolu bile olmayan karatren vagonları; geçmişin silinmeyecek anılarında gezinirler...

Yeniistasyon 1911'de kurulduktan sonra, uzunca bir süre yalnızca

65 Omisilli: Güzelim...

Günümüzde Eskiistasyon...

Tekel'in tütün balyalarıyla dolu yük vagonları gelir Eskiistasyon'a; çevredeki işletme ve fabrikalara hammadde, taşkömürü vb. taşır.

Daha önceleri, Eskiistasyon'un hemen ardındaki okaliptüs ağaçlarıyla donanmış alanda çay bahçeleri vardı. 80'lerin ortalarına kadar da varlığı korunan o güzelim mekânlar, düğün salonlarıyla çevre mahalle insanlarının ilgisini çekerdi.

İstiklal Ortaokulu, Polis Karakolu ve eski belediye başkanlarından Selahattin Çolak'ın petrol istasyonuyla da bütün Adanalılar en azından adını bilir şimdilerin yolsuz ve yolcusuz istasyonunun.

Adıyla "gururlu" Eskiistasyon, kimi sahneleriyle "Adana Belgeseli" niteliğindeki "Umut" filminde de "mekan" olarak kullanılmıştı.

Turhan Cemal Beriker İlkokulu

Adı sonradan "İlköğretim Okulu" olarak değiştirilmiş olsa da "Turhan Cemal Beriker İlkokulu"nda, İstiklal Mahallesi'nde doğup büyüyen bütün çocuklar okumuştur. Adana'da 1926 – 1938 yılları arasında Belediye Başkanı olarak görev yapan Turhan Cemal Beriker'in adı, önce bu okula sonra da D-400 Karayolu'nun kent içindeki bir bölümüne verilmiş.

Benden önce ablalarımın, abimin, benden sonra kardeşimin okuduğu Turhan Cemal Beriker İlkokulu; Adana Erkek Lisesi'yle güneyden, bir sokakla ayrılmış duvar komşusudur.

Okulumuzun hemen önündeki açık alan, o yıllarda özellikle hafta sonları; İstiklal Mahallesi'nin yörede ünlü bir futbol takımı olan "Çayırspor"un bütün maçlarını yaptığı, diğer mahalle takımlarının da katıldığı turnuvalar düzenlenen küçük bir "stadyum"a dönüşürdü.

Bu "ilgi" müteahhitlere yansıdıktan birkaç yıl sonra "mahallemizin stadyumu", bir "apartman tarlası"na dönüştü!

Bu apartmanlardan birinde, "Kelebek Apartmanı"nın bodrum katında da; İstiklal Mahallesi'nin ilk ve son kışlık sineması olan "Kelebek Sineması" açıldı.

Kelebek Sineması ilgisizliğe birkaç yıl dayanabildi. Sinemanın sahibi Mehmet Hüdürefe, ortaokulda aynı sınıfta okuduğumuz Hayati'nin babasıydı. Varlıklı bir aileden gelen Hayati; babası ve abilerinin bir dönem birlikte çalıştırdıkları Yazlık Zafer ve İstiklal Sineması'nın kapısında bilet keser, okul arkadaşlarını bile "beleşten sinemaya dıkmazdı!"[66]

Anılarımda, büyük bir talaş sobasının salonun tam ortasında yakıldığı, ilk komedi-seks filmlerinin ufaktan ufaktan gösterilmeye başlandığı yıllardaki görüntüsüyle durur. Pantolonum, çorabım ıpıslak, sulusepken yağmurda cımcılık olmuşumdur... Sobaya yakın koltuklardan birinde Aydemir Akbaş'lı, Ali Poyrazoğlu'lu, Sermet Serdengeçti'li sulu bir erotik filmde; Mine Mutlu'dan, Arzu Okay'dan, Zerrin Egeliller'den "frikik avındayken" Allah bilir, o gün "okulu da asmışımdır!" Melek Görgün, Figen Han, Feri Cansel, Zerrin Doğan, Dilber Ay, Zerrin Ege-

---

66 Dıkmak: Girdirmek.

liler... usuldan usuldan, bütün genç Türk erkekleri gibi benim de düşlerimin kenar süsü olmaya başlamışlardır...

***

"Çayırspor"u, kalecisi ve takımın kaptanı Deli Dinçer'i anımsamayan İstiklal Mahalleli var mıdır? "Deli Dinçer"; deli meli değil zeki, çalışkan bir futbolcuydu. Koruduğu kalesine gol atmak için hızla gelen karşı takımın oyuncusunu kesin etkileyen ünlü narasıyla bilinirdi:

"O benimmm!"

Futbolcu, gerilerden topuyla gelirken Deli Dinçer'e kalede durup topu ve rakip oyuncuyu beklemek yakışır mı? Çıkar "18"in dışına, karşılar gelen topu...

Dinçer Abi; (2012, onun da bu dünyadan eksildiği haberini aldığım bir yıl oldu!) kaptanı olduğu "Çayırspor"u kornerden gol atmasıyla ünlü Çelik'le (sonradan genelev sokaklarında ekmeğini arayacaktır!), Ceyhanspor'dan gelen Tarık (o da 'ilelebet' sürdüreceği kahveciliğe 'terfi' edecektir!) ve Nevzat gibi oyuncularla güçlendirmiş, kimi sezonlarda "namağlup" yapmış, Fatih Terim'i aratmayacak kadar da disiplinli ve gergin birisiydi...

Anlatıldığında inanılmaz bulunacak bir öykü de okul müdürümüz Osman Üreten Bey'le ilgili.

Okulda ve İstiklal Mahallesi'nde adı "Tırtır Osman" olarak anılan müdürümüzün; bisikletine taktırdığı küçük bir motorla bisikleti nasıl "motosiklete" dönüştürdüğüne herkes gibi ben de şaşar, hayranlık duyardım.

Demek ki Osman Bey, bırakın bir otomobil sahibi olmayı, o zamanlar üretimine başlanan bir "Mobilet" bile alacak parasal güçte değildi! Kendine özgü motosikletiyle, onun çıkardığı egzoz gürültüsüyle adı belleklerimizden silinmeyen Sayın Osman Üreten'e; yaşıyorsa bir saygı selamı göndermeyi İstiklal Mahallesi ve Turhan Cemal Beriker İlkokulu'ndan mezun olmuş herkes adına görev sayıyorum...

5. sınıf öğrencisiyken 'İpsiz Fahri'nin oğlu' Abidin Cankat'la (solda) Turhan Cemal Beriker İlkokulu'nun merdiven basamaklarındayız...

Hepsi için söylenemez; ama kitap, dergi, gazete okumayı bizlere sevdirmiş saygın, demokrat, çağdaş öğretmenlerimizi de unutmamak gerektiğini elbette biliyorum. Onlar değil midirler ki öğrencilerine "rüzgârın uçurduğu kâğıdı bile yakalayıp okumalarını" öğreten...

İstiklal Ortaokulu

Bilgiler; İstiklal Ortaokulu binasının 1900'lerin başında o dönem zenginliğiyle ünlü bir Rum olan, Havaca Atanaş Tırpani tarafından kızına "çeyizlik ev" olarak yaptırıldığı yönünde.

"Tırpani Fabrikası" olarak da anılan İstiklal Ortaokulu binasının yapımı sırasında doğrama ve ahşap bölümler İtalya'dan getirilir; Osmanlı tarzı İyon Mimarisi denenir.

Ana bina 25 odalıdır. Yapıldığı yıllarda oldukça dikkat çeker, şömine ve mermer merdivenleriyle kentin en görkemli yapılarından sayılır. Zeminden sonra iki kata daha çıkılabilen bina, caddeyi bakan geniş balkonuyla da bilinir.

O yılların "Tırpani Fabrikası" 1916-20 yılları arasında "Alman Mektebi", 1. Dünya Savaşı sırasındaki Fransız işgali döneminde de General Vaygand'ın karargâhı olmuş.

Kurtuluş Savaşı ertesinde (Ekim 1923) Ağazade Hulusi adında yadımsever birisinin binayı 5.000 Altın Liraya aldığı ve eğitim işlerinde kullanılması koşuluyla "Seyhan Vilayeti"ne bağışladığı biliniyor.

Zamanında "Kırmızı Konak" olarak da ün salmış İstiklal Ortaokulu'nda, Atatürk'ün azınlık temsilcileri ve bölge ileri gelenleriyle toplantılar yaptığı fakat istediği sonuçları alamadığı, kaynaklarda belirtiliyor.

1925-30 arası "Kız Muallim Mektebi"ne dönüştürülen okul binası sonraları Erkek Lisesi'ne kaydırılınca, bu kez ortaokul olarak öğrenime açılmış.

1934-35'te Kız Lisesi açılınca kızlar Kız Lisesi'ne, erkekler Tepebağ'a aktarılır. O yıllar Erkek Lisesi'ne bağlı olarak burada eğitim-öğretime başlandığı yıllardır. 1937-38 ders yılı başıysa ikinci ortaokul olarak bağımsız kimliğine kavuştuğu dönemdir.

Daha yakın zamanlarda (1984) tarihi ana binanın bakıma alındığı görülür. Ahşap zeminler betona dönüştürülür. Taşıyıcı kolonlar içerden desteklenir.

Eskilerde sinema salonu olarak kullanılan Kültür Binası, konferans ve tiyatro salonuyla bilgisayar sınıfına çevrilir.

1998 Adana depreminde bir bölümü zarar gören ana kulelerde bakım ve onarım (her nedense!) yapılmamıştır...

İstiklal Ortaokulu'ndan mezun olanlar arasında; Ahmet Topaloğlu,

Kurtuluş Caddesi üzerindeki İstiklal Ortaokulu...

E. Bilen Tümer, Ali Gür, Mahmut Karabucak, Sakıp Sabancı, Yılmaz Güney, Özcan Karabulut, Basketçi Hüsnü, Hacı Sabancı, Ahmet Cevdet Yağ, Ercan Kont, Milli Halterci Adil, Yaşar Bayboğan, Nuri Sabuncu, Erol Erk, Milli Yüzücü Erdal Acet gibi adlar sayılabilir.

İstiklal Ortaokulu'na öğrencilerin "resmi giysi"lerinin parçası sayılan "şapka"yla gittikleri dönemi anımsar gibiyim. Yağmurlu günlerde üzeri "muşamba"yla kapatılarak giyilen şapkalar, o dönem polis ve subayların kullandıklarının benzeriydi.

Okul, Erkek Lisesi kadar ünlüdür.

Adana Erkek Lisesi

Kurulmasında Arif ve Abidin Dino'nun dedesi Abidin Paşa'nın da katkıları bulunan binada, 1800'lerin sonlarında ilk kez, "Mekteb-i Rüşdiye-i Askeri" adıyla eğitim ve öğrenime başlanmış.

Türksözü Gazetesi'nin, okulun 50. kuruluş yıldönümünde yayımladığı haberde; Anadolu'daki tam donanımlı okulların ilki olduğu işlenir. Bu bilgiye, Erkek Lisesi'nin yine Anadolu'da kurulan en eski okul binası olduğu da eklenir.

Okula, 1889'lu yıllarda çevre il ve ilçelerden bile öğrenim için gelen öğrenciler varmış. 1. Dünya Savaşı sırasında Tarihi Kız Lisesi binası, askeri malzemelerin konulması amacıyla orduya bırakılınca, orada verilen öğrenime Erkek Lisesi binasında devam edilmiş.

Savaş yıllarında bir İngiliz uçağı (15 Temmuz 1917) okulu bombalayınca, girişteki havuz kenarında söyleşen resim öğretmeni İbrahim Bey ve 2 öğrenci şehit olmuş, giriş kapısı kullanılamaz hale gelmiş.

Daha sonra lise, 1919-20 yıllarında Fransızların gözetiminde Ermeni çetelerin işgaline uğrar. Tarihi belgelerin 1889-1920 yıllarını içeren bölümü imha edilir.

Cumhuriyet'le birlikte Adana Sultanisi kendi binasına taşınınca okul, "Adana Erkek Lisesi" adını alır.

16 Mart 1923'te Atatürk'ün Adana gezisi sırasında okula geldiği, 10. sınıfın edebiyat dersine girdiği, öğrencilere yönelttiği soruların ya-

Doğrusu ben savurup geçen zamanın yalancısıyım: 1910 yılındaki Adana Erkek Lisesi...

nıtlarından memnun kalınca da o yıllarda lisede görevli edebiyat öğretmeni olan ünlü edebiyatçı-eleştirmen Nurullah Ataç'a teşekkür ettiğine kaynaklarda rastlanıyor.

Okula kız öğrencilerin de alınmaya başlandığı tarihse 1975...

Kasım Gülek, Ahmet Remzi Yüreğir, Ferit Celal Güven, Aytaç Arman, Faruk Tınaz, Mesut Mertcan, Ege Bagatur, Ali Şen, Gazanfer Ündüz, Ali Münif Yeğenağa, Turhan Cemal Beriker, Kasım Ener, İ. Agâh Çubukçu, Yalçın Akyol, Sedat Doğan, Kemal Satır, Ali Şenozan, Cüneyt Canver, Turgut Kazan, Özcan Karabulut, Ahmet Erhan, Yılmaz Güney, Recep Bilginer, Murat Kekilli, Ali Özgentürk, Demirtaş Ceyhun, Hasan Hüseyin Korkmazgil, İlhan Selçuk, Ruhi Su, Turhan Selçuk, Salih Bolat gibi Erkek Lisesi mezunu yüz akı sanatçılarımız, politika ve müzik insanlarımız da bulunmakta.

1971-72'de öğrenime açıldığında ilk yazılan ve mezunlarından olduğum Çukurova Ortaokulu'ysa önceden Erkek Lisesi sınırlarındaymış. Ortaokul yıllarımda Erkek Liselilerle aynı sokaktan geçerek okullarımıza girerdik.

Adana Erkek Lisesi müdürlerinden Mihriban Göksel ve yardımcısı Fevzi Köse 1976'da görevlerindeyken "Akşam Lisesi" olarak da eğitim–öğretim verilen okula; gündüz öğrencileri dağıldıktan hemen sonra biz alınırdık.

Eli yeni yeni kalem tutan; yazdıkları kimi gazete ve dergilerde yer alan, on altı yaşındaki bir şair– yazar adayıydım. Okul bahçesinde, koridorlarında koltuğumun altında şiirlerimin yayımlandığı gazete ve dergiler; gururla gezindiğim o yılları nasıl unuturum?

Toplumsal muhalefetin lise, ortaokul düzeylerinde dallandığı 12 Eylül öncesi günlerde İstiklal Mahallesi tümüyle solcu, ilerici, demokrat insanların yaşadığı bir işçi–işsiz semti olarak bilinirdi; tıpkı Meydan, Emek, Hurmalı, Döşeme gibi...

Erkek Lisesi de İstiklal Mahallesi'nde bulunduğundan, bu okulda

Son yıllardaki görüntüsüyle Adana Erkek Lisesi'nin bir bölümü...

görev yapan öğretmenler, yöneticiler ve öğrenciler "solcu" olarak algılanırlardı. O günler okul bahçesinde bir bombanın patlaması, Erkek Lisesi'nin ününü artırmış; okul çevresinde ve İstiklal Mahallesi'nin kimi sokaklarında "yabancı" olduğu anlaşılan kişiler, "kimlik sorgusu"ndan geçirilip gerekirse tartaklanarak "kurtarılmış bölge"den "sınır dışı" edilmeye başlanmıştı.

"Mahallenin devrimcileri", kendilerince geliştirdikleri böylesi bir savunma yöntemiyle hem Erkek Lisesi'nin hem de çevre mahallelerle birlikte İstiklal Mahallesi'nin "güvenilirliğini" sağlıyorlardı.

O yıllarda uygulanan gece öğrenimi, çoğu okulla birlikte Erkek Lisesi bünyesinde de gündüzleri çalışmak zorunda olan her yaştan insana liseyi dışarıdan bitirmek için böylesi bir olanak veriyordu.

Ortaokul ve lisede en sevdiğim dersin "edebiyat" olması, öğrenimimi üniversite düzeyinde sürdürmemi sağlayamadı!

Şiire, öyküye, edebiyata tutulduğum, aşık olduğum; hayatımın "şiirsiz" olamayacağını düşünmeye başladığım günler, ekmek yediğim mesleğimi kavramamla aynı yıllara rastlar.

Akşam Lisesi maceram, topu topu bir buçuk yıldır.

Günümüzde de öğrenim veren lise, aynı zamanda İstiklal Mahallesi ve Adana'nın da simgelerinden...

Yazlık Sinemalarda Yıldız Yağmurları: "Nen Var Sevgilim?"

Uzunca bir dönem İstanbul'daki film yapımcılarına filmin konusunu, oyuncularını "sipariş" veren Adana bölge işletmecileri; Yeşilçam ekonomisine can kattığı söylenen üçüncü sınıf arabesk filmlerin birçoğunun da çekilmesini sağladılar...

Arabesk şarkıların sözlerine uygun, ayaküstü oracıkta yazılmış "fabrikasyon" senaryolarla beş-on günde kotarılıveren Orhan Gencebay'lı, Gökhan Güney'li, İbrahim Tatlıses'li, Mahmut Tuncer'li "ucuz" filmler; 1975'lerden 80'li yılların sonuna kadar, beğeni düzeyi oluşmamış ya da düşük izleyiciyi elinde tutabildi!

Türkiye'de sinemanın tahtını sarsan "televizyon" denilen krallığın yükselişi, önüne geçilmez bir hız kazanmıştı. İnsanlar evlerinde, somya ya da koltuğa uzanmış "Dallas"ı izlerken "Su Elın"a üzülüp "Ceyar"a sövüyor, kendilerinin yerine ağlayan, sevinen, hapse düşen oyuncular "öldüğünde," ardından mevlit okutacak kadar da onları "seviyordu!"

TRT-1'de cumartesi akşamları gösterilen yerli filmleri "beleşten" izlemeye alışanlar; eğer gençse ve erkekse, yalnızca seks filmleri için gider oldu sinemalara.

Adana'da da 1975'ten sonra Çelik, Lüks, Arzu, Ünal, Nur, Sular, Set gibi kışlık sinemalardan da aileler çekilmiş; yerini evli-bekâr demeden kadına ve sevişmeye susamış Türk erkeklerine bırakmıştı.

Oysa çok değil, sinemanın bir "kitle sanatı" biçiminde algılandığı o yıllardan 5-10 yıl öncesinde, İstiklal Mahallesi'ndeki aileler; Zafer, İs-

Kurtuluş Caddesi'ndeki, darmaduman edilen Zafer'le İstiklal Sineması'nın arasında, 'yıkılması unutulan' Işık Sineması..

tiklal, İstanbul, Çiçek, Işık, Esendam gibi yazlık sinemaların önünde uzun kuyruklar oluşturarak film izlemenin tadını çıkarırlardı.

Yalnızca İstiklal Mahallesi'nde beş yazlık, bir kışlık sinemanın bulunduğu düşünülürse, Adana ve ülke genelindeki sinema sayısı kimseye şaşırtıcı gelmeyecektir. Yapı Sanat Okulu'nun karşısındaki (Çayırspor'un futbol maçlarını yaptığı alanın yerine dikilen) Kelebek Apartmanı'nın bodrumunda birkaç yıl açık kalan Kışlık Kelebek Sineması; çevre mahallelerde yaşayan birçok aileye uzak, "sapa yer"[67] olarak görünüyordu. Uzunca bir dönem İstiklal ve Zafer Sineması'nı birlikte çalıştıran Sinemacı Mehmet Ağa (Hüdür); mahallemizin ilk ve tek kışlık sineması Kelebek'i, umduğu kadar iş yapamayınca kapattı. Kelebek Sineması'nın

67 Sapa yer: Zor ulaşılır uzaklıkta olan.

talihsizliği, açıldığı döneme denk düşen seks filmleriyle ilişkiliydi. Buna bir de televizyonun Türkiye'de yaygınlaşmaya başladığı yılların, Kelebek Sineması'nın açıldığı günlerle çakışmasını da eklemeli.

Sinemacı Mehmet Ağa'nın küçük oğlu Hayati'yle Çukurova Ortaokulu'nda aynı sınıfta okur, aynı sırada otururduk. Pintiliğiyle bilinen Hayati, üstelemelerimize dayanamayıp sınıftan birkaç arkadaşla birlikte benim de "Kelebek Sineması'nın açılışı şerefine" bir kez parasız film izlememizi sağlamıştı.

Türkiye'nin ilk yerli arabalarından Murat 124'e de mahallede herkesten önce, Sinemacı Mehmet Ağa sahip olmuştu. Arabanın arka camına yazdırdığı "Tantur" sözcüğü ilgi çekmiş, herkeste merak uyandırmıştı. Ne zaman ki bu sözcüğün "büyük adam" anlamına geldiğini Hayati'den öğrendik; rahatladık! Murat 124'lerini sanırım babaları değil; kardeşler, en çok da ortancaları Sefa büyük bir cakayla kullanır, bisikleti bile olmayan mahalleliyi çatlatırdı!

Kelebek Sineması'nın karşısındaki (artık çoktan kesilmiş olan) portakal bahçesinin sınırındaydı evimiz. Futbol maçlarımızı kesilmiş portakal ağaçlarının kökleri arasında yaptığımız arsalar gitgide azalıyordu. Ay geçmiyordu ki bu arsalarda birer ikişer katlı evler yükselmesin!

O evlerin birinde çalışan komşumuz Ahmet Usta beni yanına çağırmasaydı; "Gel bağak[68] çocuk, nörüyon burda sen? Yanımda çalışın mı?" demeyip üç günlük çalışmamın sonunda da 15 lira vermeseydi; o günden belirlenen bir mesleğe sahip olamayacaktım belki de...

O zamanlar bir çocuk için büyük para 15 lira... Kazanarak elde ettiğim, "benim olan" ilk kâğıt para! Günlerce gezdirmişim cebimde, harcamaya kıyamıyorum... Babam vermemiş; çalışarak, "emeğimle" kazanmışım, dile kolay... Ahmet Usta bu 15 liraya, ev sahibinden aldığı 5 liralık bahşişi de eklemez mi?

---

68 Bağak: Kayseri bölgesinde 'bakalım' anlamında kullanılan bir söz.

***

Sinemacı Mehmet Ağa'nın oğlu sınıf arkadaşım Hayati'ye bile çok göründü bu 20 lira!

"Senin mi gardaş o para?" dedi Hayati. "N'olur n'olmaz!" deyip elimdeki pembe gıcır gıcır yirmiliği sokuverdim cebime.

"Seninse, eğer istersen, bi yere gidek mi?"

"Nereye?"

"Bir 'yavru' var bir otelde! 'Muamelesi' çok iyi..."

İstemem mi? Feda olsun "o iş" için yirmilik!

Büyüksaat'e doğru gidiyoruz... Arasta'ya yöneldik. Sola dönerek iki sokak geçtik. Kalaycılar, bakırcılar, çeyiz sandığı, aynalı dolap, kundura yapımcılarının sıraya dizili dükkânlarının arasına sıkışmış iki katlı bir binaya girdik. Kapısındaki paslı levhada bir yazı: Bizim Otel...

Girişte bir adamla konuşuyor Hayati. Adamı tanıdığı, daha önceleri geldiği, gülüşmelerinden belli oluyor. Adamın avucuna iki lira sıkıştırıyor. Yanına çağırıp yirmiliği istiyor, veriyorum. Adamın "Çıkabilirsiniz!" anlamındaki işaretiyle iki kat yukarıya çıkıyoruz. Çok geçmeden, Hayati'nin "yavru" dediği 45-50 yaşlarında, şalvarlı, elinde bir tutam bez olan; kara kuru, "vittiri vizzik"[69] bir kadın, kırıtarak geliyor. Hayati tanıyor kadını, kadın da onu... Beni gösteriyor kadına. Biz bir odaya girerken Hayati koridordaki sandalyeye oturuyor.

Anlıyorum ki kadın, aynı zamanda otelin temizlikçisi...

***

Ortaokulu bitirdikten sonra, babasının çalıştırdığı sinemaların kapısında "bilet keser gibi yaparken" görürdüm Hayati'yi. Biletleri delinmiş yerlerinden koparmıyor, teşrifatçıların getirdiği önceden kesilmişleri yeni gelen müşterilere veriyordu.

---

69 Vittiri vizzik: Hoppa, hafif.

İleride öğrenecektim ki ne kadar az bilet satılmış gösterilirse, belediyeye o kadar az vergi ödeniyormuş!

Sonraki yıllar, sinemaya her gidişimde gülümseşir göz kırpardık birbirimize; oteldeki "temizlikçi yavru"yu karşılıklı anımsayarak...

***

Ara ara düzenlenen "gala"larda, o dönemin ünlü oyuncuları gelirdi Adana sinemalarına. Gala'lı günlerde biletler bir gün öncesinden tükenir, karaborsaya düşerdi. Yazlık sinemalarda değil; birkaç kez benim de Kışlık Erciyes, Sular ve Arzu Sineması'nın önünde, bir de stadyumda karaborsa bilet sattığım olmuştu.

Oyuncunun geleceği günler öncesinden duyurulduğu için; mahalleli sinemaya akar, önlerinde uzun kuyruklar oluştururdu. Böylesi akşamlar bayram yeri coşkusundaki kalabalık oldukça yavaş çözülür, saati gelip film gösterilmeye başlanır; "yiğit oğlan", ağlayan sevgilisine sarılarak sorardı: "Sevgilim, nen var?"

Zafer Sineması'nda "Piyade Osman" filmi oynadığı günlerde; Yılmaz Güney Selimiye Cezaevi'nde tutuklu olduğu için, kadın oyuncu Deniz Akar gelmişti galaya. Tanınmış bir oyuncu olmayan Deniz Akar, "Güney'i temsilen Adana'ya geldiğini" söylediğinde beklemediği kadar ilgi görmüş, alkışlanmıştı.

Birkaç yıl sonra da Arzu Okay, benim rastladığım "gala'lı geceler"den birinde Zafer Sineması'ndaydı. Minicik beyaz eteğiyle, perdenin önündeki yükseltiden aşağıdaki "erkekler topluluğuna hitap eden" oyuncu oldukça "ilgi" görmüş, "beğeni" toplamıştı. O günler filmlerde yeni yeni öpüşüp ufak ufak soyunmaya başlayan Arzu Okay; en az bir hafta, o gecedeki "canlı" görüntüsüyle yüzlerce erkeğin düşlerine konuk olmuş, ayıpsız sevişmelerde başrolü oynamıştı!

"Keloğlan" filmlerinin ardı ardına çekildiği 1970'li yıllarda, bu filmlerin birinde (Rüştü Asyalı'dan sonra) "başrol kapan" Sami Hazinses de Işık Sineması'na gelmişti. Kapatıldıktan sonra bir aralar araba yıkama-yağlama işi yapılan Yazlık Işık Sineması, Pire Mehmet'in kahvehanesinin oldukça yakınındadır.

Ayhan Işık, Yıldırım Önal ve Fatma Girik'i İstiklal; Serdar Gökhan'ı ise Çiçek Sineması'nda "canlı" olarak görmüştü İstiklal Mahalleliler... Ben rastlamadım, ama 1970 öncesindeki siyah-beyaz filmleri döneminde Yılmaz Güney'in, Adana sinemalarında bu "gala'lı geceler"e katıldığı söylenir.

Birinde Çiçek Sineması'nda "Yılmaz Güney şerefine" bir gala düzenlenmiştir... Güney'in annesi Güllü; Yeşilyuva Mahallesi'nde, birkaç sokak gerideki evlerinden filmin gösterileceği Çiçek Sineması'na komşularıyla birlikte gelir. Oğlunu uzun süredir görmediği için özlemi büyüktür. Filmin sonlarına doğru Yılmaz'ının "öldürüldüğünü" gören Güllü Ana, ağlamaya başlar. Bir yandan da onu "öldürenlere" sövüyor, intizar ediyordur.

Işıklar yanar, Güney omuzlar üzerindedir... Perdenin önünde alkışlardan zaman bulabildikçe konuşur! Ön sıralardaki annesini görünce de sahneden iner, gelir. Annesi hâlâ ağlamakta, yağlığıyla gözlerini kurulamaktadır. Güllü Ana, onun "yaşadığına" sevinse de buna bir anlam veremez. Ölmediğine inanması; onun sıcaklığını, sesini duyduğunda gerçekleşir. Oğlu, "O gördüğün filmdeydi; beni kimse öldüremez anam... Yaşıyorum, bak." der de, rahatlatır anasını.

***

Çoğunlukla, kiralanan tek atlı arabaların üzerine, o hafta oynayan filmlerin "kartelalarının" asıldığı tahta panolar; sırt sırta gelecek biçimde sağlamca yerleştirilir, kendirle arabanın altındaki demirlere bağlanırdı.

Çocukların peşlerine takıldığı at arabaları sokak sokak ilerlerken İstiklal Mahallesi'nin işsiz babaları, artık iyice "erimiş" neneleri, ikide bir tütün sarıp içen dedeleri; sokakta, kapı önlerine serilen çulun üzerinde, bir kerevette uzanmış uyur ya da karılarının, bir mangalın üzerinde alüminyum çaydanlıkta yeni demlediği çayı yudumlarlardı.

Sinema görevlilerinden sesi gür olan birisi; galvanizli sacdan yapılma, huniye benzer megafona olabildiğince bağırarak gösterimdeki filmleri tanıtırdı.

"Alo alo, dikkat dikkat... Bu akşam Çiçek Sineması'nda, senenin en müstesna aile filmi başlıyor..."

Yalnızca o haftanın değil, "Gelecek Program", "Pek Yakında" biçiminde sonraki haftaların gösterime girecek filmleri de duyurulurdu mahalleliye.

Akşam üzerleri, kimi kadınlar kapı önlerinde salçalık biber temizlerken, kimileri bezelye, taze fasulye kırar, pirinç ayıklar, bir yandan da birbirlerini çekiştirirlerdi. Akşam yemeği hazırlığı sürerken aniden bir çocuk kavgası patlayabilirdi de... Kavgaya karışan anneler birbirlerinin saçlarını yolar, hiç duyulmamış küfürler eder; kavgadan habersiz kocalarına bu küfürlerde "başrol" verirlerdi!

Kavgalar, kinler uzun sürmez; hafta arasından çok cumartesi, pazar akşamları tıka basa dolan sinemalarda aynı sıralarda oturulur, aynı sahnelerde gözyaşı dökülürdü... Şalgamcı, ayrancı, börekçi, bicici ve en çok da günebakan, kaynatılmış karpuz çekirdeği satan gezgin çerezciler için; "güzel iş yapılan" günlerdi hafta sonları.

Oralarda ilk kez görülen yabancı erkekler "mahallenin namusu" sayılan genç kız ve kadınlara bakıp hele bir de laf atmaya görsün; "sokağın yiğitleri"nce "Allah'ı şaşırtılasıya" dövülmez miydi?

Gençler için uzaktan kesiştikleri "davalarına"[70] bu sinema salonlarında yakınlaşma fırsatı doğardı. Film aralarında, yiyecek içecek satılan büfelere ya da genellikle perdenin arkasında bulunan tuvaletlere gidilip gelinirken az önce izlediği filmdeki "cön"ler gibi yürürdü gençler...

---

70 Dava: Sevgili, yavuklu, manita.

Sigaranın dumanını İzzet Günay gibi taa ciğerlerine çeker, burunlarından çıkarırlardı. O gariban, ezik adamdaki bakışlar; Sadri Alışık'tan aşırma değil miydi? Evlenecek çağlarında genç erkek anneleri; film başlamadan ya da ışıkların yandığı film aralarında "hayırlı bir kısmet için" oğullarına "kız bakarlardı!"

İstiklal Sineması'nda yine bir akşam... Üçüncü sınıf, siyah-beyaz bir avantür filmde; Tanju Korel ya da Yılmaz Köksal, garibim figüranların "hışını çıkarıyor!" Yumruğu yiyen Hüseyin Zan birkaç arkadaşıyla birlikte "bayılıyor"; "Bıçakçı İbo" bıçağını her defasında auta sallarken dayak sırası gelen İhsan Gedik, Oktay Yavuz'la kareye giriyor, Tanju Korel'in tekmesiyle "ölüyordu!"

"Dıbboa... Dıbboa... Dıbboaa!"

Yoğun yıldız yağmuru altında üşüyor, uyukluyoruz bir yandan da... Böylece kaçıyor kimi sahneler. Ama filmdeki birbiri ardı sıra ve öylesi abartılı bir tonlamayla gelen o yumruk seslerine de alışmışız! Çoğunlukla o "anadan doğma kötü adamlar", daha filmin "yiğit oğlanı" yumruğunu savurmadan; bir metre öteden yüzlerini sağa-sola çevirir, yana döner, saman yığınlarının ya da istiflenmiş kaçak sigara kutularının üzerine atlayarak en fazla üçüncü yumrukta "bayılır" ve "ölür"lerdi!

Birinci filmin sonunda yanardı ışıklar. Birazdan başlayacak olan ikinci filmin bobini, Narlıca Sineması'ndan getirilene kadar daha çok gazoz satmalıydı büfeci... Filmin gelmesi geciksin ki küncüsü bol serpelenmiş kazan çöreğinden, "Karaköylü" poğaçasından daha çok satılabilsin... Beş dakika beş dakikadır! O beş dakikada koştur koştur, belki elli şişe "Zaman Gazozu" "Elvan" ya da "Ankara Gazozu"yla otuz çörek ve "açma" satılacaktır...

Gelse bile hemen başlatmayacaktır filmi makinist.

Çok da gecikmemeli ama! Abartılırsa salondan ıslıklar, bağırtılar duyulmaz mı?

"Huopp makiniss... Noldu ikinci filme gardaş?"

Hangisidir ikinci film?

"Ne çıkarsa bahtımıza..."

***

Hiçbir filmin hiçbir zaman oynamayacağı, gala'ların yapılmayacağı, düşlerimizde "filmin yiğit oğlanı"yla kendimizi eşleştirdiğimiz çocuk olamayacağımız sinemalar yok artık! Yerlerinde yeller esiyor!

Son olarak, 1980'li yıllardan sonra hayatımızdan birer birer çekilen, ara ara artık olmayan duvarlarını kolayca geçip bomboş arsasında anılarımı arandığım; İstiklal ve Zafer Sineması'nı da 2010 yılında yıktılar!

Zafer Sineması... Bir dönem oto galerisi ve tamirhane olarak kullanılan, büfesiyle perdesini yarısına kadar incir ağaçlarının gizlediği, İstiklal Mahallesi'nin en eski ve bilinen sineması... Şu anda altındaki berber dükkânıyla birlikte yıkılmayı bekleyen; "makine dairesi" denen küçük odacığı ve "balkonu"yla kimsesiz gibi görünse de arsasını satmak isteyen bir sahibi mutlaka var ve alıcısını bekliyor... Altında, yol kenarındaki eski kırtasiyeci dükkânını Arabacı Halis çayevine dönüştürmüş; önündeki kafeste de güvercin alımsatımı yapıyor!

1985'in Ağustos ayından bu yana birkaç mahalle ötesinde yaşadığım İstiklal Mahallesi'ne, kimi zamanlar gider sokaklarında gezinirim. Pire Mehmet'in, Zafer Sineması'nın arkasındaki Tarık'ın kahvehanesinin "yılların eskitemediği" kadrolu müşterilerinin; saçlarının iyice beyazlaşıp (benimki gibi!) döküldüğünü görürüm. Yine üç-dört sandalyeye birden oturmuş, pantolon paçalarını "çemirlemiş"[71], gömlek yakasındaki mendilini çıkarıp alınlarını siliyorlardır... Paraları yeterliyse "soğuğuna"[72] elli bir, basra, hoşkin, okey oynarken farkıma varmazlar

---

71 Çemirlemek: Pantolon paçası, gömlek kolu ya da elbisenin yukarı doğru bükülerek toparlanması. Çemremek.

72 Soğuğuna oyun: Kahvehanede gazoz, kola, ayran içilerek oynanan oyun.

benim... Zafer Sineması'nın briket kırıntısıyla dolu boş arsası, müşterileriyle birlikte Kahveci Tarık'a da ne anılar fısıldıyordur kim bilir?

Mahallenin adıyla anılan İstiklal Sineması, geçen yıl yıkılırken sinemayla birlikte birbirine yapışık duvarları olan Konya Doğan Hamamı ve Oteli, otelin bitişiğindeki kahve de yerle bir oldu.

Sinemanın arsası şimdilik, dileyen herkesin arabasını ücretsiz bıraktığı bir park yeri.

"El Kıyması"yla ünlü Kebapçı Cikcik Ali, "sinemacılık öldükten", İstiklal Sineması da kapandıktan sonra; eniştesi Kıvırcık Ergün'ün uzun yıllar teşrifatçılık yaptığı İstiklal Sineması'nın önündeki girintiyi kebapçı dükkânına dönüştürüp birkaç yıl kira ücreti filan ödemeden çalıştırdı.

Kışın yağmurlarda müşterilerin ıslanacağını düşünen Cikcik Ali, masalı sandalyeli bir dükkânı olsun istemez miydi? İstediğine elbet bir gün kavuşacaktı; o şimdi, Pire Mehmet'in Dutlu Kahvesi'nin bitişiğindeki kendi dükkânında...

***

Annemle babamın ölümlerinden birkaç yıl sonra; hiçbir kardeşimin ve benim, gidip yaşamak istemediğimiz "baba yadigârı" evde Kayserili bir aile oturuyor şimdi. Sonraki kuşak olarak daha kuzey mahallelere kapağı attığımız için ucuz fiyata elden çıkarılan İstiklal Mahallesi'ndeki evleri tümüyle Kayserililer sahiplendi. Köylerini, kasabalarını terk ederek sıcak bir bölge olduğu için Çukurova'ya, Adana'ya yerleşip eski, dökük, kerpiç demeden artık beğenilmeyen "baba evlerimizi" kelepir fiyatlara satın aldılar. "İş beğenmeyen Adanalıların" tersine her işe (kadın ve kızları ev temizliğine) gider; "bir göz odada" yedi-sekiz kişi yatar, durumlarından yakınmazlar... Kış aylarında iş bulamayan ya da yaşı ilerlemiş erkekler evde küçük çocuklara "göz kulak olurlar"ken kadınlar az denilemeyecek paralar karşılığında; Reşatbey, Yüzevler gibi

2010'da yıkılan, artık çevre duvarları ve küflü beyazıyla perdesi bile olmayan; yalnızca balkonu ve makine dairesiyle Zafer Sineması... Sağdaki bina, bir zamanlardaki Buzcu Ahmet'in Kahvehanesi...

mahallelerde zengin evlerine çalışmaya giderler...

Çukurova'da, sıcakların burnunu göstermeye başladığı mayıs sonu, haziran başlarında da; okulların açılacağı eylül ayına kadar yayla saydıkları köylerine, Kayseri'ye yol alırlar.

İstiklal Mahallesi'nde de yıl geçmez ki yavaş yavaş, birer ikişer ölerek hayattan eksilmesin anneler, babalar... Annem İclal, babam Arabacı Hüseyin... Yalnızca birkaç sokak çevremizdeki komşularımız Nebahat Abla ve kocası Sıvacı Ali, Bakkal Rafet, Demirci Ali, Sağır Fatma, Sıvacı Kemal, Kör İsmet, Gülafer, Hanım Abla, Lavgar Ali, İzzet Emmi, Oduncu Kaplan, Duran Emmi, Kel Ali, Hulusi Dayı, Sazcı Aydın, Ayşe Hoca, Abuzer Dayı, Bohçacı Ali Emmi, Tatlıcı Hamza'yla oğlu Kemal ve daha niceleri...

Kel Ali Emmi'nin oğlu Gözlük Mehmet'; birbirlerini 55-60 yıldır tanıyıp da bugün "yaşayanları" üşenmeden saydığını söyledi. Mehmet Abi, mahallede kala kala 22 "eski" kişinin "bir ayağı çukurda" yaşadığı sonucuna ulaşmış... Ona göre, verilen her "sala" yok olan bir hayat, silinen bir tarihmiş çünkü...

Çifte Fırınlar

Annemden, komşularımızdan anımsıyorum ki, geniş bir sacın altında odun yakılarak imece yöntemiyle yufka ekmeği pişirilen günler; 2000'li yılların hangi kıyısından bakılırsa bakılsın, çok uzak ve unutuşun körlediği zamanlarda değildiler.

Kerpiç-ahşap karışımı, "koyun ayağı"[73] denilen yöntemle, babamın yıllarca uğraşıp yaptığı evimizin, batı ucundaki portakal bahçesi sınırında; dut ağacı gölgesinde, bilemediniz incir altında kadınların alınteri tomurcuklana tomurcuklana pişirilirdi yufkalar...

Zayıflayan ateşe yeni odunlar sürülür, diriltilirdi. Harda kızan saca oklavayla serilen kâğıt gibi ince açılmış hamur; birkaç dakikada tomur tomur olur, şişer, patlar, bir iki çevirmeden sonra üst üste istiflenirdi.

Yufkanın daha küçüğü, biraz kalın açılmışı "bazlama"dır. Daha ince açılmışının arasına ince kıyılmış soğan – maydanoz, peynir ya da çökelekle karıştırılmış "iç", "sokum" yapılır; çay ya da ayranla o öğün atlatılırdı.

Bilinen adıyla "sıkma", bu... "Bazlama"nın kardeşi yani! Çukurovalı olup sıkmayı, bazlamayı bilmemek "ayıbın Allah'ıdır!"

15 – 20 gün yetecek kadar stoklanan "yuka epmeğimiz";[74] öğünlerden yarım saat kadar öncesi ince ince yağmurlanır, dörde-sekize katlanarak "sofra bezi"nin arasında dinlenmeye bırakılırdı. Hele de sabahları, hele de öğün araları ya da oyundan fırsat bulup acıkıldığı anımsandığında; kadife yumuşaklığındaki yufkanın arasına "pendiri sokum yapıp" yemek; unutulmaz lezzetiyle o yıllardaki Adanalı çocukların geçmişte demlenen özlemlerinden değil midir?

Çok az zamanlar "fırın ekmeği" almışızdır bakkallardan. Yarımıyla iki kişinin doyduğu, "urup"uyla bir kişinin öğün atlattığı, bir bütün ek-

---

73 Koyun ayağı: Kendince "teraslı"; üzerindeki salma ve direklere tutunan, tahtadan yapılmış, temelsiz evler.

74 Yuka epmek: Yufka ekmek.

meğin "bir kilo" geldiği günlerdeydik... Bu ekmekler, fırınlarda odun ateşinde pişerdi. Öyle de güzel, "ekmek gibi" kokardı ki... Şimdiki fırınlarda olduğu gibi yağlı tavalarda elektrikle değil, közün harında kızarırdı. Yoldan geçenleri bile acıktıran kokusu ve gramajı eksiksiz olarak hem de...

İçine doldurdun mu tahin helvasıyla kara zeytini ya da çaldın mı incecikten tereyağını ya da "ekeledin" mi birazcık keçi peynirini; "ver ederdin" lokmanın hassosuna... Allöş ki, allöş!

Tercüman gazetesi matbaası yakınlarındaki Akdamar Fırını'na biraz uzak düşerdi evimiz; ama İstiklal Mahallesi'nin göbeğindeki Çifte Fırınlar öyle miydi ya? Günde on kez, önünden değilse de Bakkal Hulusi'nin yanı başından kıvrılarak geçtiğimiz Çifte Fırınlar; zamanında Akyol Ailesi'nindi. Akyol'lar, 80'lerin sonuna doğru Seyhan Belediye Başkanı seçilen Yalçın Akyol'un da bağlı olduğu geniş bir aileydi.

Yenilerde, fotoğrafını çektiğimi gören iki genç yanıma geldiklerinde, Çifte Fırınlar'ı Elazığlıların satın aldığını söylediler. Elli metre kadar ilerisine açılan bir yenisiyle de fırınlar üç'lenmişti...

Hâlâ da öyledir; birinde pide, diğerinde somun pişer Çifte Fırınlar'ın.

Eskiden, dışı galvanizli sac kaplı gezer kulübeciğiyle at arabalarında yapılırdı bakkallara ekmek servisi. O yılların tozu alınmış anılarında gezinirken; benzeri at arabalarıyla bakkallara satmaları için kalıp kalıp buz dağıtıldığını da anımsarız. Şimdilerdeki gibi lüks sayılabilecek araçlarda değil, ama önündeki irice sepetliğe dizilerek yakın çevre bakkallarına üç tekerlekli bisikletlerle de ekmek iletildiği unutulmaz...

Sayısı çok az da olsa "hali vakti yerinde" insanların yaşadığı kimi evlere buzdolabının yeni yeni girdiği günler; çoğunlukla yiyeceklerin tel kafeslerde korunduğu, suyu, ayranı, cacığı soğutmak için bakkaldan on-on beş kuruşa "bi pança" buz aldığımız, naylon poşetin daha "icat olmadığı", çimento torbasından "kesekâğıdı" elde edilen, sebze-meyveyi "file"ye koyduğumuz günlerden ayrı değildi...

Oruç tutulan aylarda gece yemeği öncesi hiç üşenmeden Çifte Fırınlar'a gidip sıcak ekmek aldığım kuşluk vakitleri, (İslam'ın şartlarından birini "şimdiden" uyguladığımı sandığından) ne çok severdi beni babam! Öyle ya; "bluğ çağında, namaz kılınacak, Allah'ın, kitabın bilineceği" yaş değil miydi 9, bilemedin 10?

Tutamazdım orucu ve de babama verdiğim sözü.

"Öyleyse 3 gün başlarda, 3 gün ortalarda, 3 gün de sonunda tut!" biçimindeki uyarılarla şafak sökümüne yakın; annem, kardeşlerim ve babamla, yarı uyur halde yerdim gece yemeklerini...

Sabah, kimseler görmeden okul çantama "pendir-epmeğimi" gizler, öğleyi onunla atlatır; akşam oruç açma zamanı da onlardan önce otururdum sininin başına.

"Top atıldıktan" sonra, yılın en güzel yemeklerini en çok yediğimiz o günlerde, camide "Teravih Namazı"na da giderdik babamla...

Yıllar eskidikçe kentte yaşamanın alışkanlıklarını sevmeye de başladık. Evlerde ekmek yapanlar giderek azaldı. Köyden gelenler, hâlâ bir ayakları doğduğu topraklarda olsa bile; horoz–tavuk beslememeye, "kara don" dedikleri şalvarı giymemeye başladılar.

"Şeerlileşmek"; tavuğu, horozu, şalvarı yok saymakla tamamlanamadı elbette! Yalnızca Adana'da değil Ankara'nın, İstanbul'un, İzmir'in orta yerinde "köylülük"; her geçen gün gördüğümüz, yaşadığımız örneklerle doludizgin sürüp gidiyor!

***

Yer İstiklal Mahallesi; Kasap İrfan Abi'nin dükkânından otuz – kırk metre ilerisinde Bakkal Hulusi'nin önüdür...

Belki de yaşı 100'ü bulan okaliptüs ağacının yüzü, Oduncu Kaplan'ın babası "İstiklal Savaşı Gazisi" Duran Emmi'nin ölmeden önceki topraklaşmış yüzüne benzer...

Artık koyu değildir, çünkü kelleşmiştir yaşlı gölgesi; hem Çifte Fı-

Önde, ayakta usul usul ölen okaliptüsüyle Bakkal Hulusi'nin barakası, geride Çifte Fırınlar...

rınlar'a, hem Bakkal Hulusi'nin her an yıkılmaya çürüyerek gün sayan kerpiç kulübesine vurur, durur...

Bir "Küllah" Günebakan, Sabuncu'nun İrişkini, Kırbaçla Tedavi...

İlkokulda; Kurtuluş Savaşı'nda Kara Fatma'nın omzunda cepheye cephane taşırkenki figürü olan, beyaz 25 kuruştu okul harçlığım.

O kadarına gücü yetermiş babamın; 1 lirayı ortaokula başladığım yıl verebildiğini anımsıyorum.

Olsa olsa o 25 kuruşla "çokçok" dediğimiz renkli macundan "bir çöp" yenebilir ya da Gazozcu Mamo'nun beyaz gazozundan "bir bardak" içilebilirdi.

Gazozcu Mamo, evde "ürettiği" gazozu; (anlaşılması olanaksız sözcüklerle, zar zor bağıraraktan) "hımhım" konuşur gibi ve nezleli bir sesle, bir çocuk arabasında bardak bardak satardı. Bir tek o muydu mahallemizin gazozcusu? Ya "Kel Sülo?" O da tablasında sokaklar boyu turlayarak satmaya çalışmaz mıydı "souk gazüz"ünü?

Şimdilerdeki gibi "meyve konsantresi" denilen boyalı ve yapay kokulu suların reklamlarla belleğimize kazınmadığı o yıllarda; hoş anılardan biri de, irice bir portakalın çöple delinerek suyunun emilmesiydi.

Bir başka gün; babamdan kopardığım başka bir 25'likle Bakkal Rafet Emmi'ye gidip bir "küllah" leblebi – çekirdek aldığım, mahallemize dadanan Şalgamcı Selami'den "acılı–deneli" şalgam da içtiğim olurdu.

Şalgamı, Beşocak Ortaokulu tarafından gelen turşucudan değil; Selami Abi'den içecektin, içtin mi! Çünkü onun asıl satmak istediği; "acısı, kiremit tozu karıştırılmış tozbiberden yapılma", "denesi, kaynatılmaktan sümükleşmiş" şalgamından çok "terbiyeli turşu"suydu! Söylediği gibi de gerçekten "terbiyeli"ydi turşusu; mahallenin bütün "arvatları" ve annem bile çok "methederdi..."

Şalgamcı Selami Abi'nin geldiğiniyse bir hayli öteden; Philips marka pikapta çaldığı 45'lik plaklardan yükselen acıklı seslerden, davullu zurnalı oyun havalarından anlardık. Ali Avaz'ın "güldürüşlü" şarkılarının yanı sıra Veremli Kız, Abidik Gubidik Tivist, Sevdiğim Kız Gelin Olmuş, Köprüden Geçti Gelin, Maraş'tan Bir Haber Geldi, Mapusanelere Güneş Doğmuyor, Avare, Yandı Çukurova Yandı, Yenice Yolları Bükülür Gider, Yan Temir Ağa, Bir Teselli Ver, Artık Sevmeyeceğim'i evlere, odalara, avlulara dağıtarak geçerdi sokaklardan...

Bizden küçükler tablasının peşine takılır, birkaç sokak dolanana kadar iterlerdi.

Yaz aylarında; tuzlu olduğu, susattığı için pek içilmeyen şalgam suyunun yerine sattığı dondurmadan ne kadar paramız varsa o kadarlık verirdi. Elimizdeki 5 kuruşsa "bi cimcik", 10 kuruşsa "iki cimcik!"

Dudaklarımızdan çenemize, çenemizden boynumuza akıtarak yediğimiz dondurması, yeni sağılmış süt kokardı...

Kimi zamanlar; biz yaştakilere oldukça uzak sayılan üç dört sokak ilerideki Arap Bakkal'da satılan iğdeyi pek sevememiş olsam da yeni çıktığı günlerde tatmak için bir 10 kuruşluk alırdım. Ağzımın içi pamukla dolar, boğulacak gibi olurdum. Dışı, pembe renkli gulleye benzer bir "şey"di! Ya lokum; öyle miydi ya? Hele bir de cevizlisi olursa...

Kalbimi sevinçten gürp gürp attıransa, bakkallardan tanesi 10 kuruşa aldığım turkuvaz renkli "gulleler" olurdu. Birikir birikir, bez torbalara sığmazdı gıcır gıcır gulleler... Yakın arkadaşlarımdan Sırrı'yla ortak olup "yüterdik" herkesi. Sonra da paralı çocuklara satardık yeniden, çiftini 10 kuruşa; iyi mi?

Dersimizi aksattığımız, "humara" alıştığımızı düşünen babam, hem abimin hem benim biriktirdiğimiz gulleleri "helaya" atar; oynamanın günah olduğunu söyleyerek topumuzu da bıçakla yarardı!

Şimdi, yirmi beş yıldır İstiklal Mahallesi'nin biraz uzağında yaşadığım sokaktan bir gün bir ses gelse... "Simmidyea... Tazziye tazziye simmidyea!"

Artık herkesin "simit" bildiği, biz yaştakilerin "çörek"lerinden birkaç tane alsam; sevindirsem satıcı çocuğu... Kahvaltıyı ayaküstü geçiştirsem... İşi mişi boşlasam! Karımı, çocuklarımı burada böylece bensiz bıraksam... Fırlasam evden, konsam "benim mahallem İstiklal"den eski sokaklarıma... Çocuklukları solmuş arkadaşlarımı ayrıldığımız yaşlarımızda bulsam; hiç kimse ölmemiş olsa!

Biri bağırsa uzaktan:

"Gullecilerr... Var mı oynayan?"

"Dağlı Mehmet"; sonraları, 1979'da İstiklal Mahallesi Halkevi'ni kurşunlayacağı için öldürülmese! Sonra Faruk, sonra gazete satıcısı Köşker Şahin "faşist", Ramazan "gomoniz sanılarak!" katledilmemiş olsalar...

"Puik", sevinçle koşup:

"Hadi lan maça! Döşeme Mahallesi'nden maç aldım..." dese...

Oralara gidip sokaklarında gözlerim yaşararak böylesi düşleri nasıl yaşamam?

Yazılmasa yüreklerin kapılarını aralamayacak, hayat gibi elimizden kayıp gidecek anılar da...

İlkokul çağlarındaymışım. Öğlenciymişim. Büyük ablam Fatma giydirirmiş kara okul önlüğümü. Annem, kolalı beyaz yakayı takarmış üstüne; iyice doyururmuş ki karnımı, "Allah zihin açıklığı versin..."

Çok sevdiğim okuluma, sınıf arkadaşlarıma kavuşmak istermişim bir an önce.

"Sevgilim" olmalarını düşlediğim Müjgân, Seher, Güler, Münevver... Güya, nasıl da özlemişlerdir; kavga bile etmişlerdir yokluğumda...

Ben öyle sanıyorum yani!

Ardından; biz yaştakilerin tadına bakmadan çok önceleri, bizden büyüklerin yedikten sonra gelip anlattıkları "Sabuncu'nun irişkini"nin lezzeti nasıl unutulur?

Hem yer, hem de gelip şunu söylerlerdi:

"Biz yedik, ama siz yemeyin; bu dümbük eşek eti satıyor!"

Eşek eti, meşek eti! Öyle bir lezzetliydi ki...

Yapı Sanat Okulu'nun giriş kapısının tam karşısında barakamsı bir kulübede, bir bakkalda bulunan birçok şeyi satardı Sabuncu. O niye "Sabuncu"ydu, başka, normal bir adı yok muydu; bilmiyorum? Kalın çerçeveli gözlüğünün altından pis pis bakarken ürkütmüştü beni önceleri.

Cadde boyu yayılırdı kokusu, eşek etinden yapıldığını sandığımız "irişkin"inin!

Müşterisi çoğunlukta öğrenci olan Sabuncu; urup ekmeğin arasına, pişirdikten sonra dizdiği jilet kalınlığındaki irişkin halkalarını sayarak koyar, arada bir de çiğ çiğ atıştırırdı.

Filtreli Samsun, Maltepe paramız "gani ganiyken"; filtresiz Birinci, İkinci, Bitlis, Gelincik, Kulüp, Bafra sigaralarını yolsuzken "tek tek" alırdık Sabuncu'dan. Daha olmadı; "pöçük" dediğimiz izmaritleri yerden toplar, içerdik.

Sabuncu hiç gülmez; hep ama hep gözünün biri bozuk gibi kısarak bakardı, güneşe bakarcasına.

Onun barakasına hayli uzak, sokağımızın köşesindeki Bakkal Rafet Emmi'ye giderdik; ev için alışverişe. Sokaktan bir metre kadar aşağıdaki dükkânına birkaç basamaklı merdivenden iner; ancak sıkıldığında, üşüdüğünde dışarıya, güneşe çıkardı. Bir yerlere gitmesi gerektiğindeyse genellikle büyük oğlu Ahmet Abi'yi bekler görürdük onun yerine.

Fıstıkyeşili renginde "Ralli" markalı bisikletini gözü gibi korurdu... Heybesi, düdüğü, aynası, zili, lambası olan diğerlerinden biraz büyükçe tekerlekli bisikletini, "oklava yutmuş" gibi oturarak sürerdi.

O yıllar "bisikleti olmak" çok önemli sayıldığından "Allah'ın oğlu" bile istese vermezdi! Köşe başlarında önüne bir çocuk, bir kedi filan çıkar korkusuyla zilini aralıksız çalar, gereğinden yavaş giderdi.

Bir de Bakkal Hasan Amca vardı, "Kırmızı Apartmanlar"ın yanı başında... Oğullarından biri, İbrahim Özdiş; Yalçın Akyol Seyhan Belediye Başkanı'yken belediyedeki görevini bırakıp 90'lı yıllarda SHP'den milletvekili seçilecek, İstiklal Mahallesi'nin ilk milletvekili olacaktı.

İbrahim Özdiş sonradan, sanırım CHP'ye katılarak iki dönem görev yapmıştı Ankara'da.

O da benden bir ya da iki sınıf önde Turhan Cemal Beriker İlkokulu ve Erkek Lisesi'nde okumuş, uzaktan merhabalaşmak dışında bir yakınlaşmamız olmamıştı.

Ya "İğneci Kamber Emmi..." Zengin mi zengin; pinti mi pinti!

Bakkal Hasan'ın tam karşısındaki dört-beş evin sahibiydi Kamber Emmi. Çalışkanlığı, hırsı görmezden gelinir; servetini köylerine düşen bir uçak sayesinde edindiğine ilişkin öyküler uydurulurdu...

İşte köylerine bir uçak düşmüşmüş de; bir çantadan çevreye kâğıt paralar saçılmışmış da; bunları bir çoban bulmuşmuş da; bu paraların "para" olduğunu bilmeyen çobanı kandırıp "delikli yüz para, on kuruş, beş kuruş" gibi "gerçek paraya benzeyen demir para"lar vererek, elinde ne kadar kâğıt para varsa "bunlar senin işine yaramaz, uyduruk kâğıt!" diyerek hepsini almışmış...

***

Onu son gördüğüm gün, fotoğraf çekimi için geziniyordum mahallede.

Çifte Fırınlar'dan evlerine doğru gelirken yan yana gelmemize birkaç adım kala, gözlerini kısarak dikti gözlerime... Beni tanıdığını gülümsemesinden anladım.

"Merhaba Kamber Emmi... Nasılsın?" dedim.

Selamımı alırken ellerimi sıkıca kavradı.

"Lan sen Arabacı Hüseyin Ağa'nın oğlu değil misin? Nerelerdesin feleksiz?" dedi.

Birkaç cümleyle, artık başka bir mahallede oturduğumu, buralarda az görünmemin nedenlerini anlattım.

Ondan uzaklaşırken "Ömürlerimiz bir kez daha karşılaşmamıza izin verecek mi?" sorusu burktu yüreğimi...

Uzun uzun gecelerin, uzun uzun yağan yağmurlarla geçmek bilmediği kurşuni Adana kışlarında babam da; tablasına tıka basa doldurduğu "iğneler, iplikler, makaralar, yumaklar"ı bağırarak satmaya çalışan Kamber Emmi de işe çıkamazlardı...

Öylesi yağışlı günlerde, babalar günlerce işe gidemez "evde pinekler"; çocuklar anneli-ablalı, ancak şemsiyeyle okullarına götürülürdü. "Suçlarımız" anında cezalandırıldığı için usanırdık babamızı evde görmekten!

Son zamanlarda yağmurun "lütfen yağdığı"nı gördükçe, eskinin hiç dinmeyecek gibi yağan yağmurlarını sizler gibi ben de ararım.

Geceler boyu süren şimşekli yağmurlar, evimizin çinko damındaki küçük delikleri bularak tavandan iki odamıza da damlardı. Annem, evde ne kadar plastik leğen, bakır–alüminyum tencere varsa bu deliklerin altına koyar; halımızın, kilimlerimizin ıslanmasını önlerdi.

Daha okula gitmediğim yaşlarda, kimi karanlık öğlesonları, önce gök, ardından patlayan yağmur gürültüsüyle uykudan uyanır, evde kimsenin olmadığını görünce korkardım. Sonra anlardım ki annem bir komşuya gitmiş, somyanın üzerinde uyuyakalan yavrusunu uyandırmaya kıyamamış... Unutamadığım bu çocuksu korku; 1979'da 19 yaşımda yazdığım bir şiire dönüşmüş, ilk kitabıma da öylece girivermiş:

Yağmurda

Bu gürleyen ne anacığım
Evimiz mi yıkılıyor
Devler canavarlar mı pencerede
Yorganımı ört
Al elimi eline

Bu yağan ne anacığım
Çiçeklerimiz mi yolunuyor
Aydede nerde yıldızlar nerde
Işığı yak
Yanımdan ayrılma[75]

Yağmurun yine öylesi sıcım gibi yağdığı bir gün, üç arkadaş, Bakkal Rafet Emmi'nin dükkânının duldasına sığınmış, futbolcu ve artist fotoğraflarının basılı olduğu kartlarla "alt-üst" oynuyoruz.

"Yeşillik", o günlerde de Adanalı için; maydanoz, tere, roka, yeşil soğan, dereotu, taze kekiktir! Boy boy ağaçlar, rengârenk bitkiler, ipil ipil rüzgârla dansına doyum olmaz çimenler; akıllara daha sonra gelir!"

75 "Yoklar Sahibi", şiirler, Duran Aydın / sayfa: 45 / Akdeniz Yayınları, 1987.

"Yeşilliksiz kebap ve salata" düşünülebilir mi?

Mahallemizin yalnızca "yeşillik" satan bir gezgin satıcısı vardı; hiç unutamadığım. Ayağımın birinin bilekten kırılmasına, ablamın aylarca beni omzunda taşımasına neden olan olay; bu "yeşillikçiyle" bağlantılıydı.

Bakkal dükkânının köşesinde, yağmurun bize vurmadığı saçak altında, büyük ve yüksekçe bir taşın üzerinde; önde ben, arkamda, arkadaşlarımdan Hüseyin, aşağıda Kenan...

Biraz ileriden, kara muşambadan "gocuğuyla" tek tekerlekli tablasını iterek gelen yeşillikçimizin, tam da önümüzde tablasının devrildiğini görüyoruz. Maydanozlar, tereler, yeşil soğanlar çamurlu yağmur sularında yüzüyor; ona yardım etmeyi düşünmeden gülüşerek izliyoruz...

Birkaç yıl önce, yaşadığı İstanbul'da bir kalp krizinde öldüğünü öğrendiğim Kenan; taşa çıkmak isteyip kendisine yer açmayan Hüseyin'le itişiyor. Bir anda ben altta, Hüseyin üzerimde; yağmurdan vıcık vıcık olmuş çamurun içinde buluyoruz kendimizi. Ayağımı bileğimden kopartırcasına bir ağrının bana verdiği acıyla bağıra bağıra ağlıyorum... Düşerken sanırım yerdeki irice bir taşa çarpmış, ayak bilek kemiğimi kırmışım.

Ortanca ablamın aylarca beni "hopunda gezdirdiği",[76] okula gittiğim altı yedi yaşlarımdan hemen öncesi yaşadığım ve çok etkilendiğim bu olayda; trajik bir yan öykü de vardı.

Birkaç ay evde; ara ara sınıkçıya götürülerek ayağım sargıda yattığım günlerde; babama bir arkadaşı bir öneride bulunmuş!

Kırık ayağımla "sınıkçı" denilen, halk arasında ünlenmiş bu insanlardan birine teslimim! Hiçbir eğitimden geçmeden el yordamıyla "ortopedik tedavi" yapan "sınıkçı"lar; burkulma, incinme, kırık ve çıkıklarda uyguladıkları sıcak su–sabun–yumurta ve zeytinyağıyla ovma, sarma yöntemiyle o yıllarda halkın doktor yerine başvurduğu "güvenli kişiler"di!

---

76 Hopunda gezdirmek: Omzunda, sırtında gezdirmek.

Özellikle de kırıklarda kemiğin yanlış yerden kaynamasına neden olduklarını duyar, "sınıkçısız" da yapamazdı Adanalılar. Ailemin, Sınıkçı Dudu'ya başvurmasına neden olan da işte bu yapay güven duygusuydu. Sınıkçı Dudu için anlatılanlar ve uyguladığı yöntem onu bir türlü haklı çıkarmayıp ayağımdaki kırık iyileşmeyince babam o arkadaşının önerisine uyarak beni bir akşam iş dönüşü kırbaçla dövmeye kalkmaz mı? Kırbaçla dövülürken ayağımdaki kırık kemik bir an yaşayacağım "derin şok"la iyileşecekmiş; Yeşilçam filmlerinde olduğu gibi!

Dayağı yiyen ben değil; babamın bu çok ilginç ve çağdışı, akıldışı uygulamasına karşı çıkıp engelleyen annem olmuştu!

Şunu bütün aile çok iyi biliyorduk ki etkiye açık, söyleneni bir mantık süzgecinden bile geçiremeyecek kadar eğitim alamamış babam; arkadaşına, "Aynı yöntemi kendi ailende dener miydin?" diye soracak kadar olsun tepki vermemişti.

O saf, iyi niyetli babam; kendinden daha eğitimsiz, askerde "Ali Okulu"nda[77] okuma-yazmayı sökmüş kişilerin her söylediğine ömrünce inandı, kandırıldı! Ama "Allah'ına kadar" Atatürk'ü severdi... Seçimlerde önceleri İnönü'ye, o ölünce de Ecevit'e vermişti oy'unu. Bir kezinde CHP'nin düzenlediği mitngte İsmet İnönü'yü konuşurken izlediydik "ailecek", nasıl unuturum. Karşıyaka'da şu anda da aynı adla anılan "Köylü Garajı"nın olduğu alandaydık. Yıl 1966-67 olabilir mi; olabilir... "Koyu" bir CHP'li olduğu için "gomoniz", "beş vakit abdestli–namazlı" bilindiği için de "cennetlık bir Müslüman"dı.

At arabamızla eşyasını taşıdığı kişinin kendisine verdiği paranın, "Bu para çok ağam!" diyerek yarısını alırdı... Paranın ancak yaşamamıza yeterincesini gereksinip seven diğer "eski insanlar" gibi; babam da elindekiyle yetinip hırstan, iddiadan uzak, "bir köşede" yaşadı ve 2002'de ölen annemin çağrısına uyarak 3 ay sonra yanına gitti!

---

77 "Ali Okulu": Askerlikte okuma-yazma bilmeyenler için açılan kurs.

Annemin anlattığına göre gençliğinde, "meslek" olarak gördüğü "arabacılık"; güvenli bir liman sayılan sigortalı, garantili "devlet işi"nden önemlidir! Çünkü o yıllarda "iyi para" sayılan, bir fabrika işçisinin bir ayda aldığını; üç-beş günde kazanır arabacılar. Bunu da geçelim, "özgür"dürler! Başlarında hesap verecekleri amirleri, müdürleri yoktur. Diledikleri zaman diledikleri bir dut ağacının gölgesinde uyuyabilirler... Arabanın altındaki bir çengele takılı "helke"yi suyla doldurup atı su'lar, yem torbasını başına geçirir, bir "sotada" şalvarlarının uçkurunu çözüp çömelerek işer, yedekteki yem torbasını da yastık yapıp ikindi serinliğinin uykularında yüzebilirler!

O günlerde; Döşeme ile İstiklal Mahallesi'ne pay edilmiş Tekel Tütün ve Sigara Fabrikası'na işçi alımı var... Fabrikadan görevliler mahallede gezinip "işe uygun adam" arıyor. Babam da atın tımarını bitirmiş, evimizin önünde "atı arabaya koşuyor!"

"Yok gardaş!" diyor, "Ben işimden memnunum... Allah razı olsun! Öyle dört duvar arası palike[78] işlerine gelemem, sağ ol!"

Girmiyor Tekel'deki bu "devlet işi"ne. Özgürlüğüne, atına, arabasına sarılıyor hayatı boyunca... Yıllar sonra belediyenin at arabalarını yasaklayacağını öğrenince de "Bağ-Kur" uygulaması aklına yatıyor, primlerini ödüyor. Eli o kadarına yetişebiliyor "devlet ekmeği"nin; Bağ-Kur'dan, alt basamaktan bir "emekli" olarak yararlanıyor.

***

1980'lerin ortalarında, belediye yasağıyla yok edilen at arabalarına; Yüreğir'in kimi mahalleleriyle Dağlıoğlu, Hürriyet, Akkapı taraflarında rastlamak bugün de mümkün. Yük, eşya taşıma işinde değil de; karpuz-kavun, tuz, portakal-mandalina, serada yetişen kokusuz tomurcuk gül satılırken kullanılıyor artık. Bir de atık kâğıt, poşet, kar-

---

78 Palike: Fabrika.

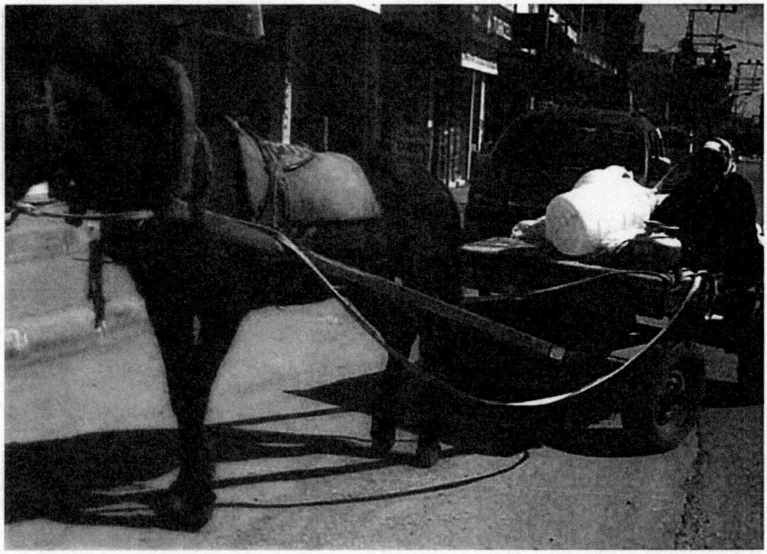

2013'te, Hergele Yolu'nda değilse de yine Adana'da; 30-40 yıl öncesinden bugüne sarkan eki bir yorgunlukla at arabası süren bir kadın...

ton, plastik toplayıcılığıyla Kurban Bayramlarında kurbanlık hayvan taşıma işleri yapılıyor.

"Zamanın behrinde", öyle herkesin "hususi" otomobillere, her türden açık, kapalı kamyonetlere, kamyonlara sahip olamadığı yıllarda; mahallemizdeki bakkallara Melekgirmez Çarşısı'ndaki toptancılardan satın aldıkları malları, tek atlı arabasıyla babam taşırdı... Şimdilerde böylesi taşımacılık onlara duyulmayan gereksinim nedeniyle; "zuladan da yapılsa" karın doyurmuyor!

Topal Cemal'i Yakan Acı, Çifte Cinayet ve Destancılar...

O zamanlar "AVM" denilen büyük marketleri bırakın, "gıda pazarı" sözcükleri bile dilimize yeni yeni yerleşiyor. Mahalle bakkallarının "köşe başı hırsızı" olarak adlandırıldığı günlerde, evimize en yakın üç bakkaldan biri "Topal Cemal"di. Daha yakındaki hem hoca, hem bakkal İzzet Emmi'den de "pahalıcı" olduğu için; hiçbir şey almamamız söylenirdi.

Tatlıcı Hamza, oğluydu İzzet Emmi'nin. İşe çıkmadığı zamanlar pencerede oturur; paketinin üzerinde "20 Yassı Sigara" yazan "Gelincik" sigarasını, yarısını bile içmeden sokağa atardı.

Pencere altında "sotada" beklerdim! Yarısı içilmiş de olsa daha sönmemiş sigaralar, "pöçük"[79] sayılmazdı ki! Ve mutlaka ama mutlaka, sigara içtikten sonra maydanoz çiğnenmeliydi ki çakmasın evdekiler!

İlkokul üçüncü sınıfta olmalıyım... "Okuldaki ana-babamız" öğretmenlerimizin kimileri, öğrencilerine attığı dayaklarla ünlüyse de; kimileri, bize okumayı sevdiren, "rüzgârın uçurduğu kâğıdı bile yakalayıp okuyun!" diyen; bu arada öğrencilerine din dersinde sıranın üzerinde namaz kıldırırken bir yandan da gazete okumaya yönlendiren ve toplumda saygın yerleri olan o zamanlardaki adlarıyla "muallim!"lerdi. Öğrenciler, bir gün önce okudukları gazete başlıklarını derste yineliyor, gazete okuma alışkanlığı ediniyorlardı.

O günler, hayatımda ilk ve son kez tanık olduğum bir cinayet işlendi!

Topal Cemal'in bakkal dükkânının önündeki o sahne, "can alıcı" ayrıntılarıyla belleğimden hiç silinmez!

Cemal Abi'nin kardeşi ve babasının aynı anda öldürüldükleri cinayet anını yaşadığım 8, 9 yaşlarımın üzerine 43 yıl daha eklediğimde hiçbir ayrıntının solmadığını görüyorum. O kadar yıl sonra, öylesine kanlı bir sahneyi filmlerden bile zor anımsarım.

Bu cinayetten önce; olayla doğrudan değilse de bağlantılı olduğunu düşündüğüm, yiten kültür değerlerimizden birinden, "destancılardan" söz etmek isterim.

Adana dışında değişik bölgelerde de yaşadığı bilinen destancıların

---

79 Pöçük: İzmarit.

"acıklı" sözlerine; biz yaştakiler değilse de annelerimiz, ablalarımız, nenelerimiz mutlaka acınmış, ağlamıştır.

Bir gazete kâğıdının dörtte birine kırmızı ya da mavi renkte basılmış, birkaç fotoğrafla süslü bu destanlardan; "yimbeş kuruş"una kıyıp alır, bize okutur okutur üzülürdü annem...

Genellikle; o günlerde yaşanan bir cinayeti, trafik kazasını, seli, "zelzele"yi, gelinlik bir kızın "muradına ermeden" öldüğüne ilişkin olayları "ibretiâlem için", yoğun duygusallık içinde kendince uyaklı dizelerle yazan destancılar; seslerine "acıklı" bir ezgi de yükleyerek sokaklarda bağıra bağıra satarlardı.

Yaşar Kemal'in Adana yıllarındaki "destancılığı" da böylesi miydi, merak ederim?

Bildiğimiz "Manisa Tarzanı"yla hiçbir ilgisi olmayan "Adana Tarzanı" da bu destancılardan biri ve en tanınanıydı. "Adana Tarzanı"mız, kimi Yeşilçam filmlerinde "gazino patronunun adamı" ya da "kahvede arka masadaki oturanlardan biri" olarak görünmüş; İstanbullarda tutunamayacağını anlayınca da gelip Adana sokaklarında bu "iş"e soyunmuştu.

O aralar "destanlık bir olay" yoksa Orhan'lı, Ferdi'li, Müslüm'lü, Hakkı'lı, İbo'lu arabesk şarkı sözlerini; yine o mavi ya da kırmızı renklerle basılmış kâğıtlarda okul önlerinde, yollarda satardı.

O yıllar, Adana'da bu türden olayların az yaşandığı, yaşanınca da aylarca konuşulduğu yıllar...

Bakkal Topal Cemal'in babasıyla kardeşinin birlikte öldürüldükleri olayı, gazeteler günlerce yazmıştı. Sınıfımızda, bu olayı yaşayan biri olarak haberi gazeteden benim okumam, bu yüzden ayrı bir ilgi uyandırdı.

Sonrasında hiçbir cinayeti işlenirken görmediğim için, ölüme bu kadar "yakın" olmadım. Bir koyun kesilirken ya da üzerinden otomobil geçen bir kedi asfaltta can çekişirken bakamadım.

Cemal Abi'nin kardeşiyle babasına kıyan, birkaç yıl yattıktan sonra "74 Affı"yla dışarı çıkıp Tekel'e işçi olarak giren katili yaşıyor mu, yaşıyorsa bir koyuna kesilirken bakabiliyor mu, bilmiyorum?

Olay, sanırım bahar aylarından bir gün öğle sonu saatlerinde; "Arap Ahmet"le kardeşliğimizin ilk günlerini yaşıyorken; o kaldırım taşlarına oturmuş "debildek"[80] çalar, ben "fırıldağa"[81] kaytan ipini sararken otuz, kırk metre kadar ilerimizde yaşandı.

Ahmet'le ben de bağırtılar, yüksek sesli küfürleşmeler üzerine oyunlarımızı bırakıp kalabalığa doğru koşmuştuk. Cemal Abi'nin dükkânına birkaç metre kala, o güne kadar hayatımızda duyduğumuz en yüksek patlama sesleriyle olduğumuz yere siniverdik. Ailesinden kadınların; çaresizce, yerde yatan kardeşleri ve babalarının üzerlerine abandığını gördük. Kurşunlardan biri babanın kalbine rastlamış, oracıkta çırpınmadan öldürmüştü.

Annesi, olayda ölen oğlu Hasan'ın akan beynini tülbentiyle topluyor; bir yandan da daha sonra birer ağıta dönüşecek çığlıklar atıyordu.

Bu cinayetlerin, borca istenen birkaç paket sigara için işlendiğini öğrenen Adanalılar; haberi günlerce irdeleyen gazetelerden nefret ve acıma duygusuyla okumuşlardı.

Anlatılanlardan biri de çifte cinayeti işleyen kişiyi, kardeşinin tokatlayarak kaçırmasıydı! O anda olduğu yere çakılı kalıp kaçamayan eli silahlı abisini "kan tutuyor"; kardeşi sürükleyerek uzaklaştırıyor...

Destancı Adana Tarzanı; Bakkal Topal Cemal'in kardeşiyle babasının öldürüldükleri "çifte cinayet" olayını birkaç gün içinde "destanlaştırıp" öncelikle İstiklal ve çevre mahallelerde satmaya başlamıştı.

Cemal Abi, olaydan sonra dükkânını bir daha açmadı, başkalarına kiraya verdi. Kendisi ve ailesini uzunca bir süre gören olmadı. Cemal Abi'nin büyük oğlu Mehmet, küçük kardeşi Doğan'la inşaatlarda boya

---

80 Debildek: Darbuka.

81 Fırıldak: Topaç.

– badana işlerinde çalışarak evin geçimini sağlamaya başladılar. Şimdi yaşıyorlarsa neredeler; bilen yok!

Anneleri çoktan öldü!

Çok çok sonraları Topal Cemal'in adı; İstiklal Mahallesi'nde muskacıya, üfürükçüye çıktı. Gazetede bir gün bu suçtan dolayı yakalandığı haberini görüp okumasaydım, ölümünden önceki son bilgiyi de edinmemiş olacaktım!

Dükkânının darabası[82] hâlâ kapanık duran Cemal Abi'den sonra, Bakkal Rafet Emmi de öldü. İzzet Emmi ve Lavgar Ali de...

Tulumbalı avlumuzun gerisindeki portakal bahçesi, ağaçlar kesilince kel bir arsaya dönüştü! Parsel parsel satıldı. Duvarından kargı söküp gasnaklı yaptığımız kerpiç evlerden sonra, mahallemiz bu arsaya yapılan "beton evlerle" doldu.

Küçük ablam Emine, Rafet Emmi'nin bakkal dükkânını kiralayıp yıllarca çalıştırdı.

Beşocak Ortaokulu'nda öğretmenlik de yapan "Tenten Sadık"; Lavgar Ali'nin veremden ölen oğlu Çaça Yüksel'in evlerinin bulunduğu sokağın köşesine, bir bakkal dükkânı kondurdu! Ama biz, kesilen portakal ağaçlarının köklerine rağmen futbol maçlarımızı; "arka mahalle" diye adlandırdığımız o kel arsada yapıyor, Tenten Sadık'ın bakkal dükkânında ise gazoz ya da şekerkamışı "çekişiyorduk!"

"Yeni mahallemize" yapılan evlerden birinin köşesinde bir bakkalımız daha olmuştu. Bakkal Âşık Muammer...

Olur olmaz zamanlar, mutlaka gülecek bir şeyler bulan Âşık Muammer'in yaşı geçkince olmasına rağmen; hiç evlenmediğini, kadınlara ilgi duymadığını, "yumuşak" davranışlarından dolayı da garipsendiğini bilirdik.

Yıllar yılı küçük borç defteriyle bakkallardan alışveriş yapan aile-

---

82 Daraba: Kepenk.

ler; ayçiçeği yağını daha bilmez, katı Vita Yağı'nı gramla, gazocağında kullandığı gazyağınıysa yarım litre, yarım litre alırlardı.

"Acar bakkalımız" Âşık Muammer de müşteri edinebilmek adına, diğer bakkallar gibi "borç defteri" uygulamasından uzak duramadı.

Bakkal dükkânının önünde "üçe üç" minyatür kale futbol maçı yapmamıza seslenmez, müşterisinin olmadığı zamanlar hakemlik bile yapardı.

"Caca – Cola'sına gol atan kaleci" oynarken evlerinin bahçesine kaçan topumuz için bize kızmaz, yalnızca gülümserdi...

Acıktığımızda evlerimize gitmeye üşenir; Adana'da yeni yeni satılmaya başlanan "Tarko Ekmeği"nin urup ya da yarısının arasına, bol toz biberli siyah zeytini doldurur, iştahla yerdik!

Âşık Muammer, babası öldükten birkaç yıl sonra; evleriyle birlikte bakkal dükkânını da satıp kardeşi Ziya ve yaşlı annesiyle İstanbul'a taşındı...

Ağustosta Damda Üşürken

Tek tük çatılı ev görebileceğiniz Adana'da, ağustosta üşüyebilir misiniz?

Ne soğuk suyun altında, ne klimalı bir odada, ne buzla doldurulmuş bir küvetin içindesiniz; kendi doğallığında herhangi bir "dış gerece" gereksinim duymadan ciddi ciddi üşüyeceksiniz!

Kent içindeki mahalle aralarında yer yer gördüğünüz küçürek tarlalar da hızla yükselen çok katlı binalarla beton çöplüğüne dönüşür oldu; farkındasınız...

Ne iyi ki güneydeki mahallelerde şimdilik çok katlı binalar görülmüyor. Üşümek, hem de ağustosta; ancak bahçeli bir evde yaşayıp damda yatıyorsanız ve ancak bir sabah alacasında mümkün!

Ağustos, eylüle dönüşüyorken tatlı tatlı, güzel güzel üşümeyi özlemişken ve bu olanağı herkes yakalayamayabilirken üstelik...

Ne yazık ki çok değil, birkaç saat sonra güneş doğacak, yükselecek; üşüme yerini yapış yapış terlemeye bırakacak.

***

Biz Adana'da eskiden de üşürdük! Yine damda yatar, yine yıldızlarla "haşır neşir", yine yaz ayları güze akıyorken... Böyle belki her yerimiz değil; ama özellikle kollarımızda tüyler diken diken olur, hafif hafif kabarırdı dipleri.

Sivrisinek kaynardı Çukurova... Cibinliksiz yatılamaz; damdaysanız gece boyu düşen çiy "nemertmesin" diye vücudunuzu, cibinliğin üzerini çarşafa benzer büyüklükte bir bezle örterdi anneniz; anımsayın...

O çok sert bildiğiniz, bir korku simgesi; sizi uzaktan severken ısıtan, koruyan babanız gecenin bir vakti usulca gelir, cibinliği bir ucundan kaldırır, uyanmanızı bile gönlü taşıyamaz, üzerinizi örterdi; farkında mıydınız?

"Ağustos soğuğu"nda damda tatlı tatlı üşürken kendi kollarınızla kendi vücudunuzu sarmalayıp dizlerinizi karnınıza doğru çekince ısınacağınızı sanırdınız.

Çoğu kez benim gibi yalnızlıktan usandığınızda, hiç olmazsa ayaklarınız üşümesin diye koynuna sokulacağınız çocukluğunuzun annesini çok özlersiniz; bilirim...

O yıllarda da sığırcık, serçe ve kumrular düzineler halinde; arkalarında inanılmaz bir kanat gürültüsü ve rüzgârı bırakıp nedensiz bir bi çimde oradan oraya hızla uçuşarak uykunuzdan ederdi sizi de...

Damda asmadaki üzümlerin altında, babanızın özenerek yaptığı "hayma"da[83] seriliydi yatağınız. Buğulu üzümlerin üzerindeki; komşunuzun bahçesinden sarkan dut ve incir ağaçlarının fısıldaşmaları gece yeline karışırdı.

---

83 Hayma: Damda asmanın altına kurulan tahta çardak.

Gündüz güneşin altında kavrulan, üzerine savan örtülü yatağınızı genellikle ablanız açardı. Açardı ki uyku vaktine kadar serinlesin, buz gibi olsun.

Dayanabilirseniz uyumaz, geceler boyu istediğiniz düşü kurabilirdiniz.

Kendi yarattığınız denizlerde, kendi çattığınız gemilerinizle hiç kimsenin bilmediği ülkelerinize yolculuklar yapardınız... İstediğiniz denizlere demir atmak, dilediğiniz limanlara güller serpmek size kalmıştı. Yalnızca sizin olan bir dağ, başkaca bir benzeri olmayan ve meyvelerini size özel ballarla tatlandıran ağaçlarınız vardı. Başka hiçbir kimsenin koklayamayacağı güzellikte sevgilinizle geceler boyu rüyalarda yüzebilirdiniz.

İsterseniz de o "zengin çocuğu" Tunç'taki "Mavi Bisan"ın aynısı bir bisiklete sahip olabilirdiniz! Bisikletin oturağına oturduğunuzda ayaklarınız daha pedala değemiyormuş, dert mi? Tunç'un havasını almak işten değildir. Ziliniz onun bisikletinin zilinden daha güzel ses çıkarıyor; oh ya!

Bu yıl da ağustos sonları bir sabah; daha göz değmemiş göklerde, geceye iliklenmeyi unutmuş bir yarımay, güneşi görür görmez kaçacak! Gece boyu üşüten esinti, yalnızca sizin olan gezegeninizi ısıtan bir aydınlıkta eriyecek; birazdan bunun hüznünü yaşayacaksınız.

Ha, kara önlüğünüzle ilkokula başladığınız ilk gün annesinin ardından ağlayan bir çocuk; ha, o günün sabahına tezkere alacak bir asker; ha, dün emekliye ayrılmış yorgun bir fabrika işçisisiniz!

Anı kırıntıları; yıllara dağılmış ayna parçacıkları...

Toplayacaksınız, bir araya getireceksiniz ki baktığınızda yüzünüz yenilensin... Yüzünüz bin parçaya dağılmış; olsun! Göz kenarlarında çizgiler, şakaklarda ak'lar... Bakışlara bir yılan gibi çöreklenmiş keder hepimizinkinin aynısı. Hiç değişmemiş.

Ağustos sonu seher vakti, gökyüzünden birer birer silinir yine yıldız zerrecikleri. Adana'da bir evin damında üşüyerek uyanmak; bunaltıcı bir mevsimi daha eskitmenin, eskitip sonbahara serpilen ölü yapraklar gibi geçmişe uğurlamanın hüznünü yaşatacakmış, ne iyi...

Böylesine bir mutluluğu yaşatacakmış vakitsiz üşümeler...

Yaşadınız işte bugün bunu; ne güzel!

Kedi Payı

Hiç kedisiz olmadık ki...

Evimizde, hayatımızın gizli renkleri olarak kediler mutlaka yerlerini aldı. Ailemizden saydığımız kedileri, en azından olabildiğince aç ve sevgisiz bırakmadık! Onların o gün için seveceği şeyler yoksa; bir gazete kâğıdına küçük küçük doğrayıp peynirle "öfelediği"[84] ekmekleri koyar, kapının önünde yemelerini sağlardı babam. Peynirin kokusu sinmiş ekmek kediye, tabakta kalan kırıntısı kendisine...

Sininin çevresinde toplanmış yemekteysek, kapı örtükse ve kedimiz yanımızda değilse olur muydu? Bir yerlerden çıkar gelir, içeri giremezse camdan bakarak kendisine acındırır; açtırırdı kapıyı...

Hepsi de "sabırlı", nelere kızacağımızı sezen, tuvalet gereksinmesi için kapıya tırmanıp açmamızı sağlayan "tekir"lerdi...

Çam talaşı yanardı sobamızda kışlar boyu. Aşağıda, geniş avluda "curunlu" tulumbayı geçince ahırımızın bitişiğinde; üstü çinkoyla kaplı talaşlığımız hep dolu olurdu. Kullandığımız kadarını kullanır; yaz ayları sonbahara akarken Hergele Yolu'na çıkan sokak üzerindeki oduncular-dan, babamla birlikte, eksilenin yerine aldığımız talaşı çuvallara sıkıca doldururduk. Talaşların üzerini gazete kâğıdıyla örtüp çuvalları çuvaldızla diker, kantarda tarttırır, at arabamıza yüklerdik. Böylece talaşlığımızda kış için depoladığımız talaş, sonraki yıllar için tamamlanmış olurdu.

Sobada, odun gibi "çabuk geçmediği", tortusu az ve en önemlisi ucuz olduğu için talaş yakılır; uykusu gelmemiş olsa da kedilerimiz, ya-

84 Öfelemek: Ezerek küçültmek.

nan sobanın verdiği mayışmayla ona yakın bir minderde "mutlu mutlu" uyurlardı.

Benimle birlikte, ayakucumda geceler boyu uyuyan "kadrolu" kedilerimiz hep vardı; arkadaştım onlarla... Annemle babamın uyuduğu, oturma ve yemek odası olarak da kullanılan bölümde değil; penceresi bu odaya bakan arka odadaki bir somyada uyurdum. Yatıya gelen konukların da ağırlandığı kedili ve kitaplı küçük odada, askere gideceğim 1980 Mart'ına kadar böyle sürdü bu. O günlerdeki kedimiz; askere ilk gittiğim günden üç ay sonra "dağıtım firarı"nda eve geldiğimde, iki gece daha yine yorganımın bir köşesinde kıvrılıp benimle uyudu.

Bir yıl kadar sonraki bahar aylarından birinde, 20 günlük iznimi kullanırken annem anlatmıştı: Ankara Mamak'tan dağıtım firarına geldiğim iki gece yanımda uyuyan kedimiz; askere ilk gittiğim günlerde benim yerimde kardeşimin yattığını görünce onunla uyumuyor, odaya bir daha da uğramıyor! Ne zaman ki ben geliyorum, evde kaldığım iki gece benimle yorganımın kenarında, ayakucumda uyuyor. İzin bitip Sarıkamış'a döndüğümden kısa bir sonra da ölüyor.

Askerlik sonrası, yeni kedimizle arkadaş olmamız uzun sürmedi. Ona da, sonraki kedilerimize de öncekilere olduğu gibi, mahallemizin kasaplarından et alırken mutlaka "kedi payı"nı isterdik.

Çifte Fırınlar'ın yakınındaki Kasap İrfan Abi olsun, Turhan Cemal Beriker İlkokulu'muzun bitişiğindeki Kasap Mustafa Abi olsun; kedi payımızı mutlaka ayırır, boş çevirmezlerdi isteğimizi.

Çocukluğumuzda annemden edinmiştim bu alışkanlığı; hâlâ sürdürüyorum.

Kalender Çayevi

Kurtuluş Caddesi, Kuruköprü'den Eskiistasyon yönüne gidildiğinde D–400 Karayolu'yla öpüştüğü yerde de biter.

D-400 projesi Adana'da uygulanmadan, Kurtuluş Caddesi bu noktadan hafif sağa kıvrılır, Kuruköprü'ye doğru İnönü Caddesi ve Adliye yönünde akardı trafik.

Cadde; üzerinde bulunan yazlık İstanbul, İstiklal, Işık ve Zafer Sineması'yla; Doğan Hamamı, Eskiistasyon Polis Karakolu, İstiklal Ortaokulu, pavyon ve meyhaneleriyle, Türksözü gazetesinin basılıp yönetildiği binayla da bilinir, tanınırdı. Pavyon olarak ben, Sümerbank'ın karşı köşesindeki "Havuz Pavyon"u bilebildim. Ondan az aşağıdaki "Ankara Kulübü"nü bir de...

Bu caddeyle anılırdı, Şalgamcı Ali Göde. Şalgam, şimdilerde olduğu gibi fabrikasyon üretimle ülke geneline yayılmamış, şişelenmiş plastik kutularda kapalı değil açıkta, bardak bardak satılırdı.

"Acılı-deneli olsun ağam!" derdi müşteriler.

Bu işi, babasından gördüğünce tadını hiç bozmadan sürdüren Ali Göde'nin çocukları; yine aynı dükkânda Kuruköprü'nün girişindeler. Artık her yerde bulmanın mümkün olmadığı şekerkamışını, yine bu dükkânın önünde boğum boğum görürsünüz.

Tıpkı kaynatılmış karpuz çekirdeği gibi şekerkamışı da; 1960 ve 70'lerde çocuk yaşta olanların çok iyi anımsayacakları gibi, bakkalların önünde satılan, kendine özgü vişne rengindedir. Kabuğunu ince ince soyduktan sonra, küçük parçalar halinde ağzımızda çiğneyerek şekerli suyunu emer, posasını tükürür; bundan büyük bir haz alırdık. Şekerkamışını ve suyunun içilebileceğini gençlerin çok azı bilse de; suyunu kolaylıkla posasından ayıran makinesini, daha bu yıl gördüğümü belirtmeliyim.

Bugün şekerkamışı gibi, kaynatılmış karpuz çekirdeğine de kimi organik köy ürünleri satılan dükkânlarda rastlarsınız.

Şimdi gençler, karpuz çekirdeğinin kaynatılıp yenebileceğini, üstelik satıldığını yadırgayacaklardır! Nasıl yadırgamasınlar; irisinin, kurutularak da "çintilebileceğini" bilmeyenler, karpuzun suyunun çekildiği, çekirdeklerinin mercek yardımıyla görülebildiği, "kabak tadı"yla yenmez duruma dönüştürüldüğü günleri yaşıyoruz hep birlikte.

Kaynatılıp kurutulduktan sonra çintilebilecek büyüklükte karpuz çekirdekleri, bildiğimiz koyu yeşil renkli Halep Karası Diyarbakır Karpuzu'nda bulunuyor.

Çukurova'da söylendiği biçimiyle; yumurtanın "löbböş"ünün, annelerimizin kırk yıl önceleri pişirdiği yufka ekmeğinin benek benek kızarmışının da satıldığı "organik ürün pazarları"nın sayısı giderek artmakta.

***

Şimdiki büyük alışveriş yerlerinin Adana'daki ilklerinden bir mağaza; 1970'lerde Kuruköprü'de "Yüksekkahve" bitişiğinde, yalnızca gömlek üzerine çalışılan iki katlı ahşap bir binadaydı. Bu caddede ilerleyip İstiklal Ortaokulu'na varmadan Hurmalı Mahallesi'ne dalınan sokaklardan biri, "Yeşilköşe"den başlar. "Yeşilköşe"de Türkçenin yüz akı tanımlamalarından birine rastlarsınız: "Uğur Tecimevi."

Pamuk, iplik vb. şeylerin satıldığı işyerini tanıtan tabeladaki "Tecimevi" sözcüğü; bildiğiniz gibi, "ticarethane" anlamında. Değil Adana, Türkiye'de ikinci bir örneğinin bulunduğunu sanmadığımız "Tecimevi" sözcüğüne; bir de Kıbrıs'ta, yine bir işyeri tabelasında rastlandığını işitmiştim.

"Tecimevi"nin, yabancı dil ve marka özentisiyle yazılan işyeri adlarının salgın olarak yayıldığı günümüzde; çok olumlu bir örnek oluşturduğu ortada. Oysa yabancı dillerden özellikle İngilizceye öykünülen işyeri adları, çoğu kez insanı gülümseten absürd örneklerle doludur: Barber Nazmi Shop, Emre'm Dürüm's, Cafe's Çayocağı, Mobilya Center, Komshu...

Kurtuluş Caddesi'nde, yıllar yılı değerlendirilmeden başıboş bırakılan arsalara, 2000 yılı başlarında Seyhan Belediyesi'nin yerleşik binaları yapıldı.

Seyhan Belediyesi'nin karşısındaki Havuz Pavyon, Ankara Kulübü, birkaç köhne meyhane, Eskiistasyon, çaprazındaki karakol, çay bahçeleri, düğün salonları, bir dönem Adana Büyükşehir Belediye Başkanı olarak görev de yapan Selahattin Çolak'a ait petrol istasyonu, un değirmeni, Pire Mehmet'in, Buzcu Ahmet'in, Kör Yahya'nın kahveleri, birahaneler, Konya Doğan Hamamı, eskimo fabrikası, yazlık sinemalar ve Kalender Çayevi de Kurtuluş Caddesi'nin renklerindendi...

***

Askerden geldiğim 1981 güzünde, kiralayıp sekiz ay kadar çalıştırdığım Kalender Çayevi de, Kurtuluş Caddesi ve İstiklal Mahallesi'nde oldukça bilinen bir yerdi. Kerpiç bir yapının yola bakan küçük bir bölümündeki Kalender Çayevi'ni benden önce de değişik kişiler çalıştırmıştı. Mahallenin inşaat ustaları Sıvacı Kemal, ortağı Kör İsmet, boyacısı Sabuncu Kardeşler, Taşkafa Ali, Karocu Ahmet, abisi Sabahattin, "hızlı solcu"lardan Necmi, Cabbar, İsmail gibi bir ölçüde tanınmış insanlarla, Erkek Lisesi, Motor Meslek Lisesi öğrencileri de çayevinin değişmez müşterilerindendi.

Edebiyatla, şiirle uğraşan bir arkadaşlarının "çayevi" çalıştırdığını öğrenen; Çetin Derdiyok, Ahmet Çadırcı, Çetin Boğa, Mehmet Taşar, Nevzat Sıkık, Hüseyin Taş, M. Nuri Ayvalı, Mustafa Emre, M. Demirel Babacanoğlu gibi Adana'da yaşayan şair, öykücü, edebiyat, sinema ve tiyatroyla ilgilenen insanlar da sık sık uğrar olmuştu Kalender Çayevi'ne. Bir araya geliş nedenimiz; hep gereksindiğimiz, özlemini duyduğumuz bir kültür - sanat-edebiyat dergisi, sanatevi, bunlar da olmazsa bölgede yayımlanan "iyi bir gazete"de hazırlayacağımız sanat-edebiyat sayfasıydı...

"Dergi çıkarma"nın "örgüt kurmak" olarak algılandığı o yıllarda yayımladığımız "Akdeniz Yazın Seçkisi"; Adana'da olduğunca ülke genelinde de ses getirmiş, önemi, değeri vurgulanmıştı.

Elbette bu insanlarla çayevi bir nitelik kazanıyordu. Yalnızca sinemanın, edebiyatın, tiyatronun, şiirin konuşulduğu o günlerde; ülkede demokrat, aydın insanların nefes almaları bile 12 Eylül'cü paşaların izniyle olsun isteniyordu.

Ben rastlamadım, ama Kalender Çayevi'ni benden önce çalıştıran, "Aydınlık grubu"ndan Celal adlı bir arkadaşın; yine o gruba yakınlığıyla da bilinen tiyatromuzun ünlü oyuncu ve yönetmenlerinden Erkan Yücel ve İlyas Salman'ı sanırım Adana'ya bir oyun için geldiği günlerin birinde, çayevinde konuk olarak ağırladığı anlatılırdı.

Sonralarda, yaz dönemine girildiğinde asıl mesleğimle ilgili işlerim iyice açılmış, çayevine yeterli ilgiyi gösteremez olmuştum. Yerime mahalleden "boşta gezer" arkadaşları bırakıyordum.

Yaz bitiminde, güz aylarına girdiğimizde işlerim durur gibi oldu. Ama çayevi, okulların açılıp öğrencilerin gelmesiyle tatil günlerinin açığını kapatıyor, müşteri yoğunluğu giderek artıyordu.

O aralar çayeviyle; askerliğini yeni bitirip gelen öykücü arkadaşım Mehmet Taşar ilgileniyor, yokluğumu aratmıyordu. Mehmet de benim gibi "kronik işsiz"lerden biriydi. Ama daha kötüsü, onun Adana'da kalacak bir yerinin bile olmamasıydı. Öykülerini yazarak, notlarını günlüklere dönüştürerek sabahladığı geceler; Niğde Hanı, Hilal Han vb. yerlerde kendisi gibi işsiz, bekâr ve parasız insanlarla birlikte, sağlıklı olmayan koşullarda geçiyordu. Ailesinin yaşadığı Payas'tan, biraz da Adana'da kişiliğini bulduğu edebiyat ve tiyatro için uzaklaşıyor; dost ve arkadaşlarını bu nedenle seçerek çoğaltıyordu.

O günlerde, Eskiistasyon Karakolu'na atanan Komiser Cumhur; mahalledeki kahvehaneleri, çayevlerini sıkı bir biçimde denetlemeye, kimi oyunları yasaklamaya başlayınca karakol yakınlarındaki Kalender Çayevi'nin de çoğu öğrenci, tavla oynamaya gelen müşterisi azalır gibi oldu.

Oysa, çayevini ayakta tutan öğrencilerdi. On sekiz yaşından küçük olarak kahvelere, çayevlerine girmelerine; tavla, dama, domino gibi oyunlar oynamalarına önceleri göz yumulur, ses çıkarılmazken yeni komiserimiz bütün bunları yasaklamıştı. Görevlendirdiği polislerse bir gün öğrencilerden birkaçını tokatlayarak gözdağı vermişti.

Eskiistasyon Polis Karakolu 1980'lerde Komiser Cumhur'la ünlenmişti. İstiklal ve çevre mahallelerin "potansiyel suçluları"nın, "delanlıları"nın bile eline düşmekten çekindiği Komiser Cumhur'un, karakolda bir duvara; "Burada Allah yok, peygamber izine çıktı!" diye yazdırdığı, "içeri düşenler"ce söylenirdi. Çok iyi bilinen başka bir öykü de, Komiser Cumhur'un, ayakkabısı beyaz renkli ve "yumurta topuklu" olan herkesi karakolda "zorunlu konuk" olarak birkaç gün ağırladığıydı! Çünkü, Komiser Cumhur'a göre, böylesi ayakkabıları ancak "kerhanede dümbükler giyer"di; beyaz renk yumurta topuklu ayakkabılılar, Eskiistasyon Karakolu'nun önünden geçmemeliydi!

Mahallenin "delanlıları", bitirimleri, esrarkeşleri, hırsızları için polis; "hükümetler, aynasızlar" biçiminde adlandırılır, çeşitli öykülere konu edilirdi.

Bu öykülerden biri Mersin'de, Atatürk Parkı'nda geçer. İstiklal Mahallesi'nin "yiğitlerinden" bir yağlıboyacı kafayı çekmiş, deniz kenarında voltada... Karşıdan gelen birisinin "tipinden gıcık alır", yanından geçerken "omuz atar!"

"İstiklal'in delanlısı", elbette onun sivil giyimli bir polis olduğunu anlayamaz; üstüne bir de dayılanır! Bitirim boyacıyı karakola çeken "sivil", arkadaşlarıyla birlikte adamın "hışını çıkarır!" [85]

Sonunda, dayağa dayanıksız bir haldeyken yalvarmaya başlar: "Amanın bokunuzu yiyim, yeter abiler! Bakın karakolun boyaları kavlamış... Ben boyacıyım. İsterseniz karakolu 'cıncık gibi' yaparım... Yeter ki dövmeyin beni; bırakın..."

Boyacı boya parasını da cebinden karşılar, dediği gibi "karakolu cıncık gibi yapar"; öyle salıverilir.

***

Sonbaharın kışa aktığı o günlerde, yalnızca (çevredeki zaten işleri

---

85 Hışını çıkarmak: Öldüresiye dövmek. Ağır yorgunluk hali.

bozuk olan) esnaf, çoğunlukla parasız olan mahallenin şarapçıları, işsizleri, inşaat işçileri; çayevini ayakta tutmaya yetmiyordu. Bu durum "çayevi işletmeciliği"min sonunu hazırladı. Borçlanarak devraldığım Kalender Çayevi'ni, bir bakıma borçlarımı üstlenerek en yakın arkadaşlarımdan öykücü Mehmet Taşar çalıştırdı benden sonra. Mesleksiz ve işsiz olduğu için çayevinin düşen geliriyle yetinebileceğini; Niğde Hanı, Hilal Han gibi yerlerde kalmaktan kurtulacağını söyleyerek çayevini devretmek için aradığım müşterilerden ilki oldu. Benim iyi kötü iş bulabildiğim bir mesleğim, ailemle yaşadığımız bir evimiz vardı. Mehmet için hayat belirsizlikle dolu ve sisliydi.

Ceketimi alıp çıktıktan birkaç ay sonra Taşar, Kalender Çayevi'ni kebapçı dükkânına dönüştürdü. Yerine bu işten anlayan birini bırakıyor; daha çok okumak ve yazmak için başka yerlere gidiyor, zamanını dışarıda geçiriyordu.

Bir süre sonra "ocakbaşı kebapçılığı"nı; Yazko Yayınları'nın kitap setleri ve Gelişim Yayınları'nın ansiklopedi pazarlama işine yeğledi Taşar. O aralar bir "12 Eylülzede" olarak doğup büyüdüğü kent olan Adana'ya uzun yıllar sonra dönen eleştirmen Sabit Kemal Bayıldıran yönetiminde başladığı bu işi benimsedi, altında kalmadı. Bayıldıran, Nevzat Sıkık'ın izinde çelik tencere pazarlama işine yönelince de Taşar'ın önü açılmış oldu. Dükkânı, yanında çalışan Hakan adlı gencin babasına devredip İstiklal Mahallesi'ne de uğramaz oldu!

Kalender Çayevi'ni çalıştırdığım zamanlar; çayevinde önceden ocakçılık da yapmış olan, oranın "müdavimlerinden" İsmail'le uzun sürecek arkadaşlığımız; İsmail'in zamansız, ama "sürpriz" de olmayan ölümüyle unutulmaz bir acıya dönüştü.

12 Eylül silindiri altındaki Türkiye'de, koşullar zaten sağlıksız olan İsmail'i, "hiçbir şey yapamamanın" da verdiği sıkıntılarla bu dünyadan çok erken uğurladı! Aralıklı da olsa içki, sigara içmesi, çok zayıf olan vücudunu yıllardır savaştığı hastalığın karşısında yenik düşürmüştü.

Bu "yenilgi"de doktorların, "evlenmemelisin" biçimindeki uyarılarının da payı büyüktü! Yanı sıra, "12 Eylül yenilgisi" de, İsmail'in kişiliğini etkileyecek biçimde onu sarsıyordu. Malatya'da "unuttuğu" bir annesi, Döşeme Mahallesi'ndeki evinde barındığı yaşlı bir teyzesi, birkaç arkadaşının dışında kimsesi yoktu. Kimi zamanlar içine düştüğü karamsarlık, kimi zamanlarsa gereğinden fazla iyimser ve gerçekçi olmayan "ütopyalar" İsmail'i ara ara yaptığı karakalem resimler ve yazdığı şiirlerden de uzaklaştırdı.

İsmail Sözen...Yalnız yaşadı; çok ağır hastayken ölümü çok uzağında sayarak, onunla savaşmadan yenebileceğini düşünüp yalnızca kendisinin beklemediği bir gün, onun bağışlamaz gücüne yenildi...

***

Yıllardır, aralıklarla geçtiğim Kurtuluş Caddesi'ndeki Kalender Çayevi'nin bulunduğu dükkânda, kebapçılıktan sonra başka işler de denendi. Bir aralar, uzunca bir dönem darabası örtük, "cardınlara"[86] yuva oldu! Aslına dönmüş gördüm geçenlerde. Arka duvarı yıkılmış, boydan birkaç metre uzatılmış; yine kerpiç, yine tozlu. Camında solgun bir yazı: "İstiklal Kahvehanesi..." İçeride birkaç işsiz esnafın "hoşkin" oynadığı; soba çevresinde "sigara yasağı"nın iplenmeden sigara içildiği yine puslu, yine yarı karanlık bir mekândı...

Dutlu Kahve (Pire Mehmet'in Kıraathanesi)

İstiklal Mahallesi'nde doğup büyümüş, 18 yaşını dolduran, Adanalı her Türk erkeği; "Dutlu Kahve" olarak da tanınan, Pire Mehmet'in Kahvehanesi'ni mutlaka bilir.

"Kenan Kâinat Paşa" Turgut Özal'a ülkeyi "iade" etmeden önce; biranın çayevlerinde, kahvehanelerde satılıp içildiğini anımsar mısınız?

---

86 Cardın: Kedi iriliğinde fare.

Mehmet Abi'nin kahvehanesine giden genç, yaşlı mahallemizin her erkeği, önündeki caddeyi gölgeleyen dut ağacı altında birasına değilse de "soğuğuna", çayına okey, elli bir, basra, hoşkin, tavla gibi oyunlar oynamıştır.

Kahvehanenin küçük bahçesindeki dut ağacı, Kurtuluş Caddesi'nden geçenlerin kolaylıkla fark edeceği büyüklükteydi.

Bu dut ağacı altındaki masalarda; yıllarca ben de arkadaşlarımla oyunlar oynamış, kimileyin buğulu bardaklarda soğuk biralar içerek gazete okumuştum. Dutlu Kahve'nin çayının tadı, demlenirken üzerine "ekelenen" tomurcuk çayla olsa gerek alışkanlık yapıyordu. Bu yüzden yalnızca çay içmek için bile olsa gelenler müşteri yoğunluğunu artırıyordu.

1985'te evlenip önce Denizli Mahallesi'nin kuzeyindeki Mithatpaşa'ya, ardından da şu an oturduğumuz Yeşilyurt Mahallesi'ne taşındıktan sonra İstiklal Mahallesi'ne ve Dutlu Kahve'ye çok az uğrar oldum. Her gidişimde arkadaşlarımın gitgide eksildiğini, onları belki de bir daha hiçbir zaman göremeyeceğimi bilmemin kederiyle doluyordum. Dağılıyor ve kimimiz bir üniversitede okumaya başka başka kentlere, kimimiz "iltica ederek" uzak diyarlara gidiyor, kimimiz cezaevlerine düşüyor, kimi arkadaşlarsa hayata ve dünyaya zamansız vedalarla birer ikişer azalıyorduk!

Çoğunluğu işsiz olan İstiklal Mahallesi gençleri; Libya, Arabistan, Almanya, Rusya'ya işçi olarak gidebilirlerse şanslı ve "köşeyi dönmüş" sayılıyordu.

1970'lerin başında, Çiçek Sineması'nın köşesindeki kahvehanede ocakçılık yaparken tanıdığım, uzun yıllar Yeşilçam filmlerinde figüranlık yapmış olan Kıvırcık Mustafa ve oğluyla, Karocu Ahmet'in dayısı eski polis Yaşar Kutbay gibi Yeşilçam'a kapağı atıp "artiz" olmayı düşleyenlerse İstanbul'da, seçtikleri hayatın karanlık sularında yitiyorlardı... Kendilerini yalnızca "şanssız" sayan bu figüranlar kökleri edebiyatın bereketli topraklarından beslenmediği için mahallemizden bir Yılmaz Güney daha çıkmayacağını, bu nedenle de "başarısız" olduklarını hiçbir zaman bilemeyeceklerdi.

Yeşilçam'da günübirlik işler bulabildiğinde karınları doyan bu insanların ölümleri de bir o kadar hazin oluyordu. Bu figüranlardan kimileri; şair Hüseyin Alemdar'ın dizelerindeki gibi "Üçüncü sınıf filmlerde / Birinci sınıf yürekle oynayan" Yadigâr Ejder gibi kalacak bir evi bile olamadan, bir park köşesinde ölebiliyordu. Büyük umutlar çoğaltarak geldikleri İstanbul'da, "büyük artist" olma düşleri böylece suya düşüyordu.

Adana'daki diğer kıraathaneler gibi masalarında dört-beş gazete bulunan yerlerdendi Dutlu Kahve. Yalnızca çay eşliğinde gazete okuyan bizler, yan bölümde kumar oynayıp Pire Mehmet'e "ip parası"[87] ödeyen yağlı müşterilerden sayılmıyorduk!

Otomobillerin atık yağlarının yakıldığı soba çevresinde yapılan küfürlü tartışmalar; özellikle seçim öncesi ve sonrası, at yarışları ya da iddialı futbol maçlarının televizyondan topluca izlendiği günlerde doruğa çıkardı.

Garsonların yağmurlu günlerde boydan boya yere serdiği Ardıç Talaşı'ndan, Aladağ Ormanları'nın kokusunu duyardık.

Meydan, Hurmalı, Emek, Kocavezir gibi adı "solcu mahallesi"ne çıkan İstiklal; 12 Eylül 1980 öncesi yıllarda "kurtarılmış bölge"lerden sayıldığı için Dutlu Kahve müşterileri de "doğrudan" solcu sanılırdı! CHP, DSP, SHP'ye büyük oranlarda oy çıkan seçim sandıklarının başında bekleşen mahallemizin "ileri gelenleri"; özellikle "delegelikten" pay uman, ya kendisi ya da ailesinden birilerine iş arayan kişilerden oluşurdu.

12 Eylül'lü günlerde, Pire Mehmet'in küçük oğlu Süleyman da "örgüt üyesi" olmakla suçlanarak bir süre cezaevinde yatmıştı.

Süleyman ve abisi Ateş (Cemal), babaları gibi meslek bildikleri

---

87 İp parası: Kumar oynarken kazananlardan, kahvehane sahibinin aldığı para.

İçeriden göğe yükselen ağacıyla Pire Mehmet'in Dutlu Kahvehanesi... Yanı başında Kebapçı Cikcik Ali'nin dükkânı...

kahvecilikten başka hiçbir iş yapmayıp bütün hayatlarını burada geçirmeyi seçtiler. Mehmet Abi'nin doktor olan oğlu Cemil'le savcı bir kızının olduğunu da bilen bilirdi.

Dutlu Kahve'nin çay ocağı, biraz arkalarda ve içerinin bütünüyle görülebileceği biçimde yapılmış; köşesindeki "patron masası"nda kimi özel müşteriler ve konuklar ağırlanırdı.

Askerlikte geçen 20 ay boyunca Dutlu Kahve'de demlenen taze çayın kokusunu özleyip durmuştum.

Dışarıda, kahvehanenin tahta çitle çevrili bahçesinde, dut ağacının yaydığı serinlikte; ancak Adana'da görülebilecek biçimde üç – dört sandalyeye birden otururlurdu!

Sonraki yıllar Pire Mehmet, Dutlu Kahve'nin o köhnemiş yapısını yenileme gereği duydu. Ahşap – kerpiç karışımı yapıyı, "özel mülkiyeti" olduğu için yıktırıp oturulası hale getirdi. Kahvehanenin simgesi olan dut ağacının gövdesi, bina yenilenirken özel bir uygulamayla içeride bırakıldı. Dallar, yapraklar ve aklı karalı ballanan dutlar; kimsenin göremediği damında kalsa da orası "Dutlu Kahve"liğinden hiçbir yitirmedi.

Yenilenen kahvehane caddeye doğru uzamış, ancak tahta çitle çevrili küçük bahçesi yok olmuştu. Şimdi kahvehaneye, kaldırım kenarındaki kapıyı açar açmaz giriliyor.

***

Dutlu Kahve'yle İstiklal Mahallesi'ne dalınan sokağın girişinde dükkânı olan "Tüccar Terzi Yusuf Çakar"'la, şiirle ilk tanıştığım yıllarda arkadaş olmuştum.

15-16 yaşlarımda gazetelerde şiirler yayımlatmaya başladığım günlerde tanıştığım Yusuf Abi; aslında edebiyattan uzak, okumaktan çok yazmayı seven, bunu da genç kızlarla mektuplaşmak, arkadaş olabilmek için kullananlardan birisiydi.

O yıllarda bile ülke genelinde satışı çok yüksek olan Hürriyet ve Kelebek gazetesindeki Ümit Yaşar Oğuzcan'ın yönettiği "Şiir Köşeleri"ne yazdığımız şiirlerimizi gönderiyor, büyük bir merakla yayımlanmasını bekliyorduk. Bu gazetelerde şiirlerimizin yayımlanması, diğer arkadaşlara ve bana hayatı edebiyatla sevmenin farkını yaşatıyordu.

"Şair Kemal Ayda"ysa çok ilginç bir kişilikti. Hiçbir iş yapmaz, hep yalnız, parasız, ama şiirsiz de yaşayamaz; düzensizliği "düzen" bilirdi. Kemal Ayda'yla şiirlerinin gönlümdeki yeri ayrıcalıklı Ahmet Fazıl Göktuğ'un çalıştığı Filmciler Derneği'nde tanışmıştık. Derneğin İnönü Caddesi'ndeki bürosu, aynı zamanda "Koza" dergisinin de kotarıldığı yerdi.

"Koza", o yıllar Adana'sının tek edebiyat dergisiydi! Dergiyi çıkaranlardan Ali Sönmez Ceyhan'da yaşıyor; aralıklarla Adana'ya geliyor, Ahmet Fazıl'la (ancak üç sayı yaşatabildikleri!) "Koza" dergisini çatıyordu.

Dergiye gidip gelmeye başladığım günlerde, Kemal Ayda'yla (benden yaşça büyük olmasına karşın) kurduğumuz arkadaşlığımızı Terzi Yusuf'un dükkânında da sürdürüyorduk.

Onunla günün herhangi bir saatinde, özellikle Atatürk Caddesi, Barajyolu ya da umulmadık bir sokakta karşılaşmak mümkündü... Sabahları, evlerinin bulunduğu Akkapı Mahallesi'nden çıkıyor, yaya olarak akşama kadar bütün Adana'yı geziyordu!

Kelebek gazetesi, erken basıldığı için Adana'ya bir gün önce geliyordu. Öyle ki kimi geceler, sabahı bekleyemez, Kemal Ayda'yla, gazetenin geldiği "Mas Taksi"nin karşısındaki depoya geceden gider, görevliden izin alarak "Sizin Şiirleriniz" köşesine heyecanla bakardık! Bu "Şiir Köşeleri"nde yayımlanan şiirleri, her ne kadar ünlü şair Ümit Yaşar Oğuzcan'ın seçtiği belirtilse de ortaya çıkan "düzey" öyle söylemiyordu... Zaten o gazetelerde yayımlanan şiirlerimizi okuyanların da böyle bir kaygılarının olmadığı ortadaydı. Şiirlerin duygusal, arabesk ya da sanat müziği şarkı sözlerini andırmaktan öte, kopyasına yakın olması özellikle genç kızların, kadınların daha çok ilgisini çekiyor; şiirlerin altındaki adresler şairine kolaylıkla ulaşmalarını sağlıyordu.

Birkaç mektup sonrası kurulan öylesi "aşk"ların şiirler üzerinden sürdürülmesi; Terzi Yusuf'un da ilgisini çektiği için dükkânındaki işlerin aksamasına neden oluyordu. Daktilosuna taktığı her beyaz kâğıda o anda "mutlaka bir şiir yazan" Yusuf Abi'nin adresini yayımlanan bir şiirinden öğrenmiş, onunla böylece tanışmıştım. Adana'dan olduğu kadar İstiklal Mahallesi'nden de o gazetelerde şiirleri yayımlanan İsmail Konakoğlu, Ramazan Bilir, Ali Yoldaş; Ceyhan'dan Ali Sönmez, Suphi Çağlar; Ahmet Fazıl Göktuğ, Hüseyin Yapıcı, Kemal Ayda, o gruptan olmasalar da Salih Bolat ve Mustafa Emre de dükkâna uğruyordu.

Böylesine şiirler yazmanın bana yetmediği bir yıl kadar sonrasında ilgimi çekmeye başladı edebiyat dergileri. Bu dergilerle tanıdım usta şairleri, yazarları. "Kitap ve dergi okumak"la farkına vardığım edebiyatın ipuçlarını aramaya koyuldum o günlerden sonra. Koptum, ayrıldım onlardan... Bu ayrışmada o günlerde arkadaş olduğum, dostluklarını kazandığım; Salih Bolat, Çetin Derdiyok, Mehmet Taşar, Çetin Boğa, Feyyaz Kadri Gül, Ahmet Çadırcı, Mustafa Emre, M. Nuri Ayvalı, Turan Altuntaş ve Adnan Yücel gibi değerli şair – yazar – sinemacı ve edebiyatçıların payı benim için çok önemli ve unutulmaz değerdedir.

***

Bir gün, Yusuf Abi'nin terzihanesinde otururken işittiğimiz silah seslerine ve Dutlu Kahve'de işlenen bir cinayete de kısaca değinmek isterim.

Terzi Yusuf'un dükkânı, kendisinin de kimi zamanlar çeşitli oyunlar oynadığı Pire Mehmet'in Dutlu Kahvesi'ne çok değil, 20 – 25 metre uzaklıktaydı. Silah sesleri geldiği an "şiir yazmayı bırakıp" o yöne koşmaya başladık. Kahvenin önü bir anda meraklı insanlarla dolmuş, içeri girilemez hale gelmişti.

Uzun yıllar etkisinden kurtulamadığım, Bakkal Topal Cemal'in abisiyle babasının öldürüldükleri anları düşünüp kan görmeyi göze alamadım. Öldürülen kişi Cumhur'u "şöyle böyle" tanırdım. Düşman sahibi olduğu için sırtı hep duvara dönük, kapıdan gireni görecek biçimde oturan Cumhur'un; silahsız dolaşmadığı söylenirdi.

O gün, her nedense bir arkadaşını kıramıyor, tavla oyununa dalıyor! Bu sırada onu izleyen düşmanı da bunu fırsat bilerek arkadan beynine sıkıyor! Bir kan davası nedeniyle işlenen cinayette, silah çok yakından ateşlendiği için Cumhur'un hemen ölmediği, "cankurtaran"a bindirilirken de yaşadığı olayı yakından görenlerce anlatılmıştı. Anlatılan başka bir şey de asıl öldürülmek istenenin Cumhur değil, abisi Mehmet Ali olduğu yönündeydi! Mehmet Ali, Barkal Mahallesi'nde komşusu Parlak Hasan'ı bir nedenle öldürdükten sonra izleniyor o gün de düşmanları Mehmet Ali'yi değil, kahvede oyun oynayan Cumhur'u avlıyor!

Cumhur'un öldürüldüğü o günden sonra, iki – üç gün kahvehaneye girmek istemedim!

Benzer bir olay da 12 Eylül arifesinde yine Terzi Yusuf'un dükkânının az ilerisinde, mahallenin girişinde yaşanmış, bu kez öldürülen kişiyi çok yakından görmüştüm!

Hiçbir sol görüşlü, "sağcıların mahallesi"nde barındırılmadığı için, tersi de İstiklal, Meydan, Emek gibi "solcuların mahallesi"nde yaşanırdı. Siyasi cinayetler artık kimsenin "Bana ne!" diyemeyeceği kadar "yakınında" işleniyordu... Bir arkadaş, bir akraba, bir komşu, hatta kardeşiniz; masum bir gazete satıcısı, bir "köşker",[88] bir öğrenci; "sağcı" ya da "solcu" olduğu için kolayca öldürülebiliyordu!

Adana'nın çatır çatır yandığı bir yaz günü; çarşıdaki Büyük Postane'ye gitmiş, posta kutuma gelen mektup, gazete, dergi vb. alıp dönerken de Yusuf Abi'nin dükkânına bir çay içmek için uğramıştım. Dükkân boş, kapısı örtük, sokakta insan kaynıyordu... Kalabalığı yararak ilerlediğimde sokağın başındaki kavşakta bir cinayet işlendiğini, yerde kanlar içinde yatan kişiyi görünce anlamıştım.

Mahalleye yenilerde taşınan kişinin; Tekel Tütün ve Sigara Fabrikası'nda işçi olarak çalıştığı, MHP'li olduğu, fabrika ve mahalledeki "solcuları polise okuduğu için infazına karar verildiği"ni de sonradan işitmiştim. Ne anlatılırsa anlatılsın, yaşananlar; öldürülenin "insan" olduğu gerçeğini örtecek, gizleyecek güçte değildi... Yıllar geçse de hâlâ bir "baba" olan "cesedin" o anda göz çukurları kanla dolmuş; karasinekler, donmaya duran kana çokuşmaya başlamışlardı...

İşte o artık ne bir "sağcı", ne de "solcu"; yalnızca bir "ölü"ydü!

***

Hiçbir zaman aramızdaki kan bağını unutamayacağım, İstiklal Mahallesi'ne fırsat buldukça gider; başıboş sokaklarında artık hiçbirini tanıyamadığım insanların arasında "eski dostlar"ımı ararım...

---

88 Köşker: Ayakkabı onarımcısı, saraç.

Şimdi yine Dutlu Kahve; yıllardır değişmeyen, yalnızca yaşlanan insan tipleri, karakterleriyle çevrede ünlü bir mekân... Doğrulayamadıysam da Yılmaz Güney'in "Pire Nuri" adlı filminin kimi sahnelerini, Dutlu Kahve'de çektiğini söyleyenler var. Umutsuz, elindeki hayat kırıntılarıyla yetinen eski mahallemin yoksul insanları hâlâ, "Altılı Ganyan", "Şans Topu", "Sayısal Loto", "İddaa"yı, ufak ufak oynadıkları kumar oyunlarını bir kurtuluş umudu olarak görüyor.

İstiklal Sineması kapandıktan sonra, sinemanın bilet satılan yağmur değmez girintisinde tezgâh açan Kebapçı Cikcik Ali de artık Dutlu Kahve bitişiğindeki kendi dükkânında...

Yıllar yılı aynı masalarda oyun oynayan, ateşli tartışmalarda "memleketi kurtaran", değişmez insan figürleriyle "erkek erkeğe zaman öldürme"nin; Adana'daki bilinir örneklerindendir Pire Mehmet'in Dutlu Kahve'si...

Mahalleden uzaklaşarak ya da ölerek birer birer azalsalar da Şah İsmail, Müdür Kenan, "Deli Edip", Maymun Ali, Tayfur (At Hırsızı Banuş), Terzi Ayhan, Taksici Tahsin, Milyoner Ali, Arap Emin, Taşkafa Ali, Sıvacı Kemal ve ortağı Kör İsmet, abi kardeş karocular Ahmet ve Sabahattin, Emirali Emre, Lağımcı Haydar Emmi ve oğlu "Deli Kemal", içinde oturduğu tekerlekli arabasını kendirinden tutarak çekecek birilerini yalvararak arayan "Deli Bedir", Motorcu Özkan ve adlarını sayamayacağım nice kişiyle; belleğimdeki fotoğraflarda gülümserler...

Buzcu Ahmet'in Kıraathanesi

Kurtuluş Caddesi; batı yönünde Buzcu Ahmet'in Kıraathanesi'nin tam önünde başlar, Kuruköprü'de Şalgamcı Ali Göde'nin köşesinde noktalanır. Kahvehanenin, kıyısındaki Zafer Sineması'yla arkadaşlığı çok eskilere dayansa da bu arkadaşlık 2010 yılında sinemanın yıkılmasıyla son buldu. İstiklal Mahallesi'yle Döşeme Mahallesi'ne sınır sayılan D – 400 Karayolu'na cepheli iki katlı binada, şimdilerde otomobil alımsatımı yapılıyor.

Daha orası boş arsayken köşedeki bir barakada kalıp kalıp buz satarmış Ahmet Abi. Arsayı satın aldıktan sonra, yaptırdığı iki katlı binanın alt katında da kahveciliğe başlamış. Kurtuluş Caddesi'yle Zafer Sineması'na bakan oldukça büyük iki cepheli kıraathanenin, Ahmet Abi'nin ölümünden sonra; oğullarının işleteceği içkili kebap salonuna dönüştürüldüğünü, müşterilerinden olduğum için yakından biliyorum.

1970'li yılların ortalarında; cadde yönündeki kapısından girildiğinde salona geçmeden bir köşede; dev bir müzikçalar bulunurdu. Önceleri 25 kuruşla çalışan robot, dinlemek istediğiniz plağı seçer, ardından da şarkınız herkesin duyabileceği bir seste çalınmaya başlardı.

İskender Doğan'ın "Kan ve Gül", Nilüfer'in "Oh Ya", Nükhet Duru'nun "Melankoli", Ali Rıza Binboğa'nın "Yarınlar Bizim", Melike Demirağ'ın "Arkadaş" ve "Merhaba"sı sık sık dinlenen şarkılardı. Müzikçaların, Adana'nın tamamında değilse de çevre mahallelerde başka bir örneği yoktu. Gençlerin oldukça ilgisini çeken, kahvehane sahibi Buzcu Ahmet'e azımsanamayacak bir getiri sağlayan yalnızca bu müzikçalar değil; o aralar yine yakın çevre kıraathanelerinde bulunmayan bilardo masalarıydı.

Üç ya da dört bilardo masası olan kahvehanede, oyun oynamak için çoğu kez sıraya girilirdi. Ben yaştakiler bizden yaşça büyükleri izleyerek, kimi zamanlar sonu yenilgiyle de bitse oynayarak, bilardoyu öğrenmeye çalışırdık.

Mekânında kesinlikle kumar oynatmayan, o çok ciddi, despot görüntüsü yüzünden insanların konuşmaya çekindiği, hakkında çeşitli söylentiler üretilen Buzcu Ahmet; şair, sinema ve tiyatro oyuncusu Cahit Irgat'a benzetilirdi...

Kahvehanede görünmediği zamanlar bilirdik ki o üst kattaki evindedir ve en fazla on dakika sonra "damlayacaktır!"

İki oğlu da yükseköğrenim görmüş, babalarına saygılı, işlerinin gereğini yapan kişilerdi.

Oğullar, babalarının ölümünün ardından kahvehaneyi "ocakbaşı kebapçısı"na dönüştürdüler. Oldukça temiz görünümlü, çevreye göre "lüks" denebilecek lokantada; alkollü içki servisi de yapılıyordu.

Birkaç yıl sonra, lokantanın devredildiğini duyduk. Aile, babalarının ölümünden sonra "çözülmüş"; büyük oğul Bülent parklarda, Seyhan Irmağı kıyılarında, köprü altlarında yatıp kalkmaya, bir gün bir duvar dibinde öleceği sokaklarda yaşamaya başlamıştı.

Eskibaraj'da ağaç altlarında, Dilberler Sekisi'nde ırmak kenarındaki banklarda uyuyor, kendisi gibi "evsiz"lerle sızıncaya kadar şarap, bira ne bulursa içiyor; tanınmaz bir halde Adana caddelerinde, özellikle Barajyolu'nda başıboş, amaçsız geziniyordu. O durumda bile kendisine yapılmak istenen yardımları kabul etmiyor, belki de böylece "öyküsüne yaklaşacaklara" izin vermiyordu! Herkesin merak edip öğrenmek istediği; yüksekokul okumuş, okul dışındaki edebiyata da uzak durmayan, kitap okuyan, parasal sıkıntı yaşamamış, aydın ve demokrat kişiliğiyle tanınan Bülent'in; o yaşarken "öyküsüne girmeyi" düşündüm. Sonra hep ertelemeler, "Tepkisi ne olur acaba?"lar yüzünden ona yaklaşamadım. Herkesin acınarak uzaktan izlediği bu yakıcı trajediyi, birinci kişinin ağzından öğrenmeyi gerçekleştiremedim.

Mahallede, onu benden daha iyi tanıdığını sandığım kişiler; Bülent'in kardeşler arasındaki miras paylaşımı yüzünden para sıkıntısı yaşadığını, rahatına düşkün, çalışmaya alışkın olmayan yapısı nedeniyle de böylesi bir boşluğa düştüğünü söylediler.

Benim sezinlediğimse onu ölüme sürükleyen koşulların, doğrudan parayla ilişkili olmadığı yönündeydi. Bir "kahır", bir "sitem" var gibiydi işin ucunda... Eşiyle içinde boğuştuğu sevgisizlik, subay olan oğluyla iletişimsizlik, çocukluğundan gençliğine yaşadığı "despot baba faşizmi"; Bülent'in o "gururlu", kendine sonsuz güvenli kişiliğinin temel taşlarını yerinden oynatmıştı. Olay parayla, miras paylaşımı nedeniyle o boyutlara sürüklenemezdi; çünkü Kurtuluş Caddesi üzerindeki yapının değeri, aileden yaşayan herkesi rahatlatacak kadardı.

Anılarda Gezinti...

Yeniistasyon'dan kalkan trenler, Ceyhan'ı az geçince İskenderun yönünde biraz güneydoğuya; az sonraları da çaktırmadan sola kayarak Toprakkale, Osmaniye üzerinden doğuya, "ışığın yükseldiği topraklar"a, Antep ufuklarına yol alır...

Adana'dan trene binip Tarsus'u aşarak Mersin'e gitmek isteyenler, 75 dakika sonra denizle yüzleşir. Yolu Niğde, Ulukışla, Kayseri, Sıvas, Ankara'dan yana olanlar; Yenice'den kıvrılıp Toros Dağları'na teslim olurlar.

Demirköprü, Adana Garı'ndan çıkınca biraz doğuda, üç-dört dakika sonra görülür. Seyhan Nehri üzerinde kurulu, tarihi değer ve önemdeki köprüden geçmeden; bırakın doğu illerini, trenle Ceyhan'a bile gidemezsiniz!

Almanlar 1912'de, Birinci Dünya Savaşı öncesi "Belki bir gün bize gerekebilir?" diye düşünerek mi bilinmez, köprüyü çelik bir kafes biçiminde ırmağın üzerine konduruvermişler!

Köprünün koynundan geçen tren yolu, Kiremithane'ye varmadan Kâzım Başer Mahallesi'ni soluna alır. Ama durun, bu tümceyi şöyle okumanız daha doğru olacak: Yıllar 1900'den biraz uzaklaşmışken doğuya gidecek tren yolu bu topraklara döşeniyor; sonradan hat boyuna sağlı sollu evler serpiştirilerek oluşturuluyor "yeni" mahalleler.

O zamanlar, Türkiye'nin en fazla göç alan illerinden Adana'da, Demirköprü'den sonraki mahallelerde de öbekleşilir. Kozan, İmamoğlu, Osmaniye, Kadirlililer; yoğunlukla bu bölgeyi seçerler. "Hısım–akraba"lardır. "Aynı köyden olmak" bile yeterlidir "kardeş" olmalarına.

İşte şimdi avcunuzdaki bu kitabın bu satırlarını yazarken İstiklal Mahallesi'nden bir hayli uzakta, Demirköprü'nün kuyruğundaki bir parktayım. Tren yoluna paralel ve ona teğet geçen bu park; her nedense her geldiğimde hemen hemen boştur. Birkaç miskin emekli ve okulu asmış gençten başka kimsecikler oturmaz. Zuladadır...

Dört küçük nar, bir büyük dardağan ağacının gölgelediği "masam"ı; her geldiğimde beni bekler bulurum. Misis, Ceyhan, Yılankale ufuklarına giden trenler; sekiz–dokuz metre sağımdan geçerken dokunaklı düdük seslerini parka serper, yüreğimde unuturlar!

İskenderun'dan da gelse, Adana'dan doğuya da gitse her tren; yanımdan geçerken içindeki insan sayısı kadar öyküyü bana armağan eder.

Kimi bilgilerimi sağlamlaştırmak, belki de belleğimin derin sularından, batıktaki kimi anıları çıkarabilmek ve mahallemden "eski insanlar"ı bulabilmek umuduyla birazdan oraya gideceğim.

26 yıl olmuş oradan uçalı... Yıllarla seyrekleşmiş gitmelerim! Bu arada güzel anneler, yiğit babalar birer birer ölmüş. Evler öksüz kalmış! Kimileri boşaltılmış, içlerinde oturacak insan bulunamaz olmuş. Duvarlarından fotoğraflar sökülüp sobalar yanmayınca, sofralarında doyulmayıp sofalarında gülüşerek söyleşmeyince duvarlar üşüyüp eskimeye, boyalar pul pul dökülüp sıvalar çatlamaya başlamış. Camlar "parça pinçik" olmuş. "Kurumuş kuyunun suyu / İncirin sütü çoktan çekilmiş / Bir zamanlar dünya sandığım bahçeyi / Ayrıkotları, dikenler bürümüş..."[89] Kediler insansız yapamayıp terk etmişler kimsesiz evleri. Kerpicin üzerindeki samanlı sıvalardan kelleşen evlerin kargıları çıkmış ortaya. İki yanlı çıtaların içinde çakıl taşları sırtarır olmuş. Eskiden kırlangıçların yuva yaptığı kimi evlerin tavan aralarını sıçanlar yuva bilmiş.

"Koyun ayağı" denilen tarzdaki yamuk yumuk evler, yılların yükü üzerine bindikçe yana yatmaya başlamış. Bu yüzden; köşklerin, konakların olmadığı yoksul mahallemden "parlak insan öyküleri" anlatamıyorum sizlere... Hiç de şatafatlı hayatları olmamış buralarda yaşayan insan-

---

89 Ahmet Erhan: "Oğul."

ların... "En alttakiler"den birileri olarak gelmişler dünyaya... Kolay kolay insan öldürüp bir köşede kolay kolay da öldürülüvermişler; İskender, Battal ve kardeşi Arap Ahmet, Uzun Erol, Yusuf, Şahin, Zeynel, Hüseyin gibi... Hapislere girip çıkmak çok basit, sıradan şeyler sayılmış.

Bir yandan da demokrat, ilerici yapısını hep korumuş bu lümpen mahallesi...

Sayısı çok olmasa bile kendini jiletleyen, kuru–sulu her tür uyuşturucuyu kullanan; önlerine sürülen arabesk bir hayatı çaresiz, itirazsız benimsemiş insanlar da barınmış İstiklal Mahallesi'nde.

12 Mart günlerinde Adana'da bir süre sürgünde yaşayan Sevgi Soysal, "Şafak" adlı romanına; İstiklal Mahallesi'nin çinko damlı evlerinden söz ederek başlar.

Hidayet Karakuş yıllarca bu mahallenin okullarında öğretmenlik yapmış, (bize komşu olarak) Antepli Emine Abla'nın evinde kiracı olarak oturmuştur.

Adana'nın çınarlarından emekli edebiyat öğretmeni, şair dostum Feyyaz Kadri Gül'ün babası Mehmet Ali Gül de ailesiyle uzun yıllar Çifte Fırınlar'a yakın bir evde barınmıştır.

O Mehmet Ali Gül ki; edebiyat öğretmeni olarak görev yaptığı Erkek Lisesi ve başka okullarda birçok değerli şair, öykücü, politikacı, sanatçı ve gazetecinin gerçek anlamda "öğretmeni" olmuş; sanatın, edebiyatın hiç sönmeyecek sıcaklığını yüreklere iliştirmiştir... Not verme konusunda cimriliğiyle bilinen Mehmet Ali Gül Hoca'nın, en yüksek notunu ancak, öğrencisi Yılmaz Güney'in alabildiğini, babasından duyduğu biçimiyle; Gül'ün oğlu, şair dostum Feyyaz Kadri sık sık anlatır.

Şinasi Şıraman, Muhittin Yeşilova, Mehmet Sönmez, Yüksel Arıcı gibi tiyatrocular, iki dönem milletvekili seçilen İbrahim Özdiş, Cumhuriyet Gazetesi Güney İlleri Temsilcisi Mehmet Mercan gibi gazeteciler; yine bu mahallede doğmuş, büyümüş ya da uzunca süreler barınmışlardır.

Şair Ahmet Erhan, öykücü Özcan Karabulut buraların hiç de yabancısı sayılmazlar.

Ahmet Erhan'la ben "Akşam Lisesi"nde okumuşuz. Erhan, gündüzleri aynı okulun kantininde çalışır, geceleri yorgunluktan sınıfta uyuklarmış...

Daha önce de yazdığım gibi onlar da Adana Erkek Liseli.

***

Adana'da en nitelikli basımevi sayılan Kemal Matbaası, mahallenin Kurtuluş Caddesi kıyısındaydı.

Kebapçı Alloş; yoldan geçenlere, Kemal Matbaası'nın sol yanağında konuşlanmış seyyar tezgâhının arkasından o çatlak sesiyle bağırırdı: "Gel abi gel; bi şiş kıyma atalım... Buyurun; kuşbaşılar, ciğerler..."

Sahte Kaymakam...

"Sahte Kaymakam" lakabıyla bilinen İbrahim Songür'ün; "kaçak" olmadığı ya da cezaevinde yatmadığı günler çok az yaşadığı evi, mahallemizdeki Naba Sakız Fabrikası'yla sırt sırtadır. Görenlerin rahatlıkla bir cezaevine de benzetebileceği yüksek duvarlı, büyük demir kapılı, aynı zamanda üç katlı bir ev görünümündeki bu ciklet fabrikası; o dar sokağa gizlenmiş gibidir!

İstiklal Mahallesi'nde yaşayan kadınların, genç kızların; Naba'da üretilen sakızları naylon kova ve leğenlerle evlerine götürüp parlak, renkli ambalaj kâğıtlarına sararak para kazandıkları yıllar; 2014'lerden çok da gerilerde sayılmaz.

Gogol'ün "Müfettiş", Orhan Kemal'in "Müfettişler Müfettişi", Cevat Fehmi Başkut'un "Buzlar Çözülmeden" adlı oyun ve romanlarındaki kahramanları çağrıştırırdı İstiklal Mahallesi'nin "Sahte Kaymakam"ı.

Bizim "Kaymakam"ımız İbrahim Songür; Yeşilçam filmlerinde rahatlıkla oynayabilecek yüz çizgilerine sahip, yakışıklı ve karizmatikti... Nurten Abla'ysa onun vefakâr eşi...

Oldukça kilolu, bolca söven, gülen; Palulu Hasan'ın kızıdır Nurten. "Kaymakam"ın yıllar süren hapisliğinde onu yalnız bırakmamış, terk etmemiş, "yanında" olmuştur. Çünkü çok az birlikte yaşayabilseler de onun kocasıdır İbrahim Songür... Bir "içeride", bir "dışarıda" olmasının; aralarındaki sevgiyi güçlendirdiği de söylenebilir!

Hapse girmek, çıkmak onun "işi"dir sanki! Çok şey anlatılır onunla ilgili... Bu öykülerden biri de mahallemizde yaşanır:

Bir cezaevinden, bu kez Adana Cezaevi'ne götürülmektedir.

"Dili güllü" denilen insanlardandır Kaymakam; ağzı laf yapar. Olmazı olur kılan, karşısındakini inandıran, kandırıcı bir anlatımı vardır.

Trendedirler; "yolcu"nun ikisi jandarma, diğeri Kaymakam'dır. Onları "kafaya almak", Songür için nedir ki? Elleri kelepçelidir, ama dili özgür! Saf köylü çocuğudur jandarmalar; Kaymakam'ın yol boyu ikramlarından mayışırlar! Onları kendisine acındıracak etkide sözler söyler, duygularını köpürtür. Yıllardır hapiste olduğunu söyler. Hapse girerken karısı hamileymiş; çocuğunun doğumunu bir mektupla haber alıp yüzünü o güne kadar görememiştir. Onun hapisliği boyunca karısı aç-susuz kalmıştır! Yavrusunu bir beş dakikacık koklayamaz mıdır? Yüzünü bir kez öpse Allah onların mekânını cennet eyleyecektir!

Adana Garı'na gelinceye kadar, buna benzer duygusal öykülerle jandarmaları yoğurur Kaymakam... Cezaevinin yerini bildiğini, bulmakta zorlanmayacaklarını söyler. Faytonlar sıralıdır garın önünde. İki jandarma ve "zimmetlileri"ni; İstiklal Mahallesi'ne "atıverirler!", on beş – yirmi dakikada...

Dışı mermer kaplı, iki katlı, pencereleri pancurlu bir ev; mahallenin o yoksul görünümüyle uyuşmayan sayılı evlerindendir. Soğuktur yüzü; bir hapishaneye benzemektedir bu yüzden de! İçinde yaşayan insanlar "merhabasız"dır...

Der ki İbrahim Songür: "...Evlatlarım... Ahacık şo gördüğünüz mapusane! Şo karşıdaki de bizim ev! Yavrum evde babasının kokusunu almıştır; ağlar! Bi beş dakka izin verirseniz, yavrumu görüverip gelirim; elinize ayağınıza düştüm... Allah sizi sevdiklerinize, ananıza – babanıza tez günde kavuşturur inşallah..."

Doğrudur, evi orasıdır, karısı Nurten yolunu gözlemektedir... Oğlu Hasan da kucağındadır annesinin.

Vicdanları kaldırmaz daha fazlasını, çözülür jandarmalar! Açarlar kilidini kelepçenin. Kaymakam'ın ellerine tutuşturduğu paketteki "uçlu" sigaralardan birer tane yakıp çömelirler bir duvar duldasına.

Kaymakam eve girer, Nurten'i görür, kucaklar Hasan'ı. Anlatır durumu birkaç cümlede. Sonra da arka sokağa bakan pencereden, "vınnn!"

O; 100, 150 metre gerideki Kurtuluş Caddesi'nden geçen bir "otoboz"a atlayıp Yeşiloba'yı aşmaya yakın, "ayıkır" jandarmalar!

Bu öyküyü anlattıklarında ben, İbrahim Abi'nin yaptırdığı yeni evlerin inşaatında çalışıyordum. Fayans döşeme işimin sonuna gelmiş, epey alacaklıydım.

1978'in yağmurlu bir kış günü... Gri, karanlık bir öğlesonu içime düşen kurt; ona sıkıntımı açmama neden oldu. "Bak oğlum, ben senin üç kuruşuna kalmadım! Gider bir Yahudi kellesi koparır, yıllarca gül gibi yaşarım! Hak ettiğin parayı hesapla, ne kadarsa bana söyle... Bir bakarsın ben uçar, toz olurum! Paranın geri kalanını Nurten Abla'na bırakırım. İşini bitirince ondan alırsın..." dedi.

Söylediğini uyguladım. Ödemeyi Nurten Abla fazlasıyla, üstelik bahşiş de vermeyi unutmayarak yaptı!

Ona göre "Yahudi kellesi koparmak"; zengin, paralı insanları dolandırmak anlamına geliyordu. Bir gün bir nedenle evlerine gittiğimde, kitaplığında; 8.5'luk tuğla gibi kalın, siyah ciltli, büyük boy kitaplar gördüm. Anlaşılan, kitapların "sırtlarındaki" yazılardan çoğunun hukukla, yasalarla ilgili olduğu; Kaymakam'ın yasaları, yasaların boşluklarını, satır aralarını çok iyi bildiği, gerektiğinde mahkemede kendisini savunarak bu bilgileri kendi yararına kullandığıydı.

Ev inşaatlarında çalıştığım günlerin birinde; Kör Yahya'nın Kıraathanesi'nde, iş ortağım Ahmet'i bekliyordum. Sabahtı. Gazeteleri okurken Günaydın'ın 3. sayfasındaki fotoğrafının altında; onun cezaevinden kaçtığı, arandığı haberini gördüm. Günün çok erken saatlerinde olduğumuz için, gazetedeki haberi okuması olanaksızdı.

Koşaradım gittim evlerine. Pijamalıydı. Anlattıklarımdan heyecanlanıp panikledigini anımsamıyorum!

Bir iki gün görünmeyince kaçtığını, arazi olduğunu düşünmeye başladım.

Bir sabah evlerinden biraz uzakta, Hergele Yolu'na çıkan sokaktaki Marangoz Necip'in hızarının önünde; kara "trençkot"lu, koyu renk güneş gözlüğü takmış, fötr şapkalı, bastonuna yaslanarak yürüyen bir "dede"yle karşılaştım. Yanından "savuşup giderken" elindeki bastonuyla dokundu bana. Gözlüğünü hafiften burnuna doğru indirdi. Baktım ki o "80'lik dede", bizim İbrahim Abi...

"Ne haber usta?" dedi, "O gazetede gördüğün benimle ilgili haberi, başkalarına söyleme olur mu? İşini bitir, paranı fazlasıyla vereceğim. Ben olmasam da Nurten Abla'ndan alacaksın paranı..." Yüzümü eliyle avuçlayarak teşekkür etti.

Bir daha da görmedim onu. "Sahte Kaymakam" olarak Karataş ilçesinde bir süre görev yaptığı, durum anlaşılıncaya kadar yükünü tuttuğu bütün mahallede anlatılırdı. Küçük çapta bir "efsane"ydi... Mahallede ona özenen, gıptayla bakan birileri var mıydı, bilmiyorum? Yaptıklarıyla, o yıllarda Türkiye ölçeğinde yaygın ve etkili olan "Nokta" dergisine de haber olabiliyordu.

Ölümünü işittiğimden birkaç yıl öncesi, yerel bir gazetede onunla ilgili bir haber okumuştum. Haberde; Sun Pastanesi'nin yanındaki eski bir binayı, sahibinden habersiz onun adına satarken yakalandığı yazıyordu. Bina sahibi yaşlı, kimsesiz ve zengin bir kadın olunca da onun "kellesini kopartmak" Sahte Kaymakam'a kalıyordu!

İstiklal Mahallesi'nde yaptırdığı, Çağdaş Kıraathanesi'nin yanındaki üç katlı sıvasız, dış duvarlarını yosun kaplamış bina; hâlâ "kaba inşaat" olarak orada öylece durur.

Söylenir ki şimdilerde oğlu Hasan da babasının izinde!

Nurten Abla yaşıyor mu, yaşıyorsa yine öyle "şişko" mu, beni görse tanıyabilir mi? Öğrenmem için mahalleye gitmem gerek...

Saklı Sokaklarda Yok Arkadaşlar...

"Sahte Kaymakam" İbrahim Songür'ün öyküsünü anlatmaya çalıştıktan sonra; mahallenin ara sokaklarında; girip içlerini görmediğim, zamanında nice hayatlar geçirilmiş evleri düşünüyorum... Dilerim ki anılar kurtarılmış, sahip çıkılmış, "korumaya alınmış"; annenin, babanın ölümünden sonra kimi çocuklar başka mahallelere taşınırken o anıları bu eski evlere gömmemiş olsunlar. Gidemeyip kalanlar onarım yolunu seçerek bu evleri "ayağa kaldırırken"; yalnızca çocukluklarının geçtiği o yılları değil, hayatlarının bir daha ele geçmez masallarını da "korumaya alıyor" olacaklardı.

Ne yazık ki komşuluk, arkadaşlık ilişkileri hızla bozulup içtenliklerini yitirirken o gelenekteki duygular bir erdem sayılıp geçmişe saygı duymanın gereği olarak yaşatılamadı! Kimilerimiz arkadaşlıkların dostluğa doğru adımladığını çocukluk yıllarında keşfetsek de bir yerlerden bir yerlere savrulurken hayat ayrı oyunlarda rol dağıttı; bir araya gelemez, görüşemez, konuşamaz olduk.

Sonra, bizimle birlikte eskiyen yıllar... Önceleri, belirli bir yaşa gelinceye kadar "zaman geçmek nedir bilmezken"; bir noktadan sonra ikişer üçer kayar olmuştu avuçlarımızdan. Bir de duymuşuz ki çok sık gördüğümüz, konuştuğumuz, bir gün onun da ölebileceğini hiç düşünmediğimiz, ölümü yakıştıramadığımız kişi, ölüvermiş! O kişiye acınmak, geçmişteki bütün görüntüleri kedere bulamış; fark etmişiz ki!

Değişen insan yüzleriyle özdeşleştiremiyorsunuz "o" sokağı, "o" evleri. Örneğin bu ev Kuddusi Amca'nındı; buraya ancak o ve ailesi yakışıyordu çünkü... O sokaktan her geçişinizde, çocukken gürültü yaparak onu rahatsız ediyormuşsunuz da kapıdan bir sinirle çıkıp "Hadi lan, gidin kendi kapınızın önünde oynayın eşşoleşşekler!" diyecekmiş gibi geliyor.

Ah, keşke o yaşlarınıza dönebilseniz; o da size öyle sövebilse... Keşke, koşarken düşebilseniz; dizleriniz aynalansa![90]

"Bak oğlum, Baraj'a, Kanal'a filan gitme, boğulun Alimallah!" dese de; onu dinlemeyip Kanalköprü'de çimdiğinizi, kollarınızı tırnağıyla çizerek anlasa; kızsa size babanız...

Ya ilk sigara içişiniz... Sigara alacak paranız olmadığında yerden "pöçük" toplayışınız... Onu da bulamayıp gazete kâğıdına kurumuş dut yaprağı sararak filmlerde gördüğünüz İzzet Günay ya da Ekrem Bora gibi dumanını burnunuzdan çıkarışınız... Arkadaşınızdan otlandığınız Bafra'yı; Sadri Alışık garibanlığında, sevdiğinizin penceresinin önünden geçerken dudağınızın kıyısına iliştirivierişiniz...

Şimdi biliyorum ki mahallemin sokaklarında evlerle ağaçlar, ağaçlarla kuşlar; oldum olası arkadaş, dostturlar... "Kuşçu" dediğimiz güvercinciler; yani Cumali, Halis, Mesut, Boncuk Mehmet, Selçuk, Kazo Fevzi, Muzaffer, Ferhat, Kancık Eşek Burhan, Arap Emin; Sakar, Şami, Zırhlı, Aynalı, Göğ, Taklacı, Alason, İzmir Döneği adlarını verdikleri güvercinlerle gecelerinde, gündüzlerinde bir aradadırlar.

Bu arkadaşlardan kimileri ölse de geridekiler bizim gibi değil; kışı, yazı, baharı, güzü kuşlarla koyun koyuna yaşarlar...

---

90 Dizleri aynalanmak: Düşüldüğünde dizlerin sıyrılarak kanaması.

İstiklal Mahallesi Kıyılarında...

Eskiistasyon Karakolu'ndan güneye, Hergele Yolu'na doğru, Doğumevi'ne giden bir cadde vardır; mahallemizden alır adını: İstiklal Caddesi... Cadde, Hurmalı'yla İstiklal Mahallesi'nin sınırıdır da...

1980 ve öncesi yıllarda, Tercüman gazetesinin basımevi ve bürosunun bu caddenin üzerinde bulunması, caddenin ününü artırmıştı. Bu yol, adres soranlara, artık çıkmayan bu gazetenin adı anılarak anlatılırdı. Değişik gazetelerce de büro olarak kullanılan bina, sonraları "Vergi Dairesi"'ne dönüştürüldü. Vergi Dairesi'nin bu caddede bulunması caddeyi daha da canlandırdı.

İstiklal Mahallesi oldukça geniş sayılabilecek bir dikdörtgen alan üzerinde yer alır. Sınırları; doğuda İstiklal Caddesi, aşağıda, güneyde Hergele Yolu, batıda Ferit Celal Güven, kuzeyde Kurtuluş Caddesi'yle çizilidir.

Bu dev dikdörtgen, kent merkezine yakın oluşuyla da zamanında çok ilgi görmüştü. Eğer bir aceleniz yoksa, yürüyerek Kuruköprü'ye, Küçüksaat'e, Dörtyol'a 10-15 dakikada ulaşabilirsiniz. Dolmuşsuz, taksisiz Hergele Yolu'nun sonlandığı Adana Şakirpaşa Havaalanı ve Trafik Bölge Müdürlüğü "iki adım ötenizde"dir...

Kuzeydeki Döşeme Mahallesi'nin çaprazına geçtiğinizde Çifte Minareli Cami, Atatürk Parkı; 2011 yılı Ağustos ayında yıkılan Kışlık Sun Sineması uzağınızda değildir.

Büyük yazarımız Orhan Kemal'in bir dönem işçi olarak çalıştığı Milli Mensucat Fabrikası; her ne kadar Döşeme Mahallesi'nde olsa da İstiklal Mahallesi'nden, örneğin Buzcu Ahmet'in Kıraathanesi'nden "kuş lastiğiyle"[91] bir taş sıkımı uzaklıktadır.

Fabrikanın yosunlu duvarları, parke taşlı ara yolları, zamanında dökülen nice emek ve alınteriyle yaşlanmış atölyeleri görsel bir zengin-

---

91 Kuş lastiği: Sapan.

lik yarattığı için olsa gerek; "Hanımın Çiftliği" gibi "dönem dizileri"nde mekân olarak kullanıldı...

Eski tip kırmızı kiremitleri sıvasız duvarlarında tarihsel bir dekor gibi duran fabrikanın; bir aralar müzeye dönüştürülmesi düşünüldüyse de gerçekleşmedi.

Çok değerli bir arsaya sahip bina, kim bilir hangi fırsatçının, rantçının rüyalarını süslüyordur?

Milli Mensucat Fabrikası'nın önü sıra yürüyen, bir aralar gül fidanı yetiştiriciliği yapılan bahçenin hemen ardındaki "Milli'nin Sahası" olarak ünlenen; düzenlenen turnuvalarda iddialı futbol maçlarının yapıldığı alana varırdı.

Çocukluğumuzda ve gençliğimizde futbol maçı tutkumuzu gidermek için gittiğimiz "Milli'nin Sahası", adını Milli Mensucat Fabrikası'ndan alıyordu.

Şimdi "yerinde yeller esen" alanda; Fatih Terim, Kamyon Behçet, Sarı Tahsin, Kartal Yaşar, Demirspor'lu Halis, Yener, Deli Dinçer, Tarık, Keklik Cafer, Nevzat, Orhan, Halûk gibi "iyi" futbolcular"antrenmanlar" yapar, "top koştururdu."

Geçtiğimiz yıl Adana'da bir panel sırasında oğlu Işık Öğütçü, Orhan Kemal'in gençlik yıllarında; Döşeme Mahallesi'nde bir evde oturup bu fabrikada çalışırken "Milli'nin Sahası"nda futbol maçlarına çıktığını anlatmıştı.

Adana'da yaşanan hızlı değişim, İstiklal ve çevre mahallelerde pek gözlenmez. Damlardaki güneş enerjisi sistemlerini, uydu anten çanaklarını, yollarda park etmiş yeni model arabaları kaldırın; anında 30 – 40 yıl öncesine dönersiniz.

Yıkılmak üzere gün sayan kerpiç evlerdeki insanlar; tüketim ekonomisine ayak uydurmuş, bu arada iyi kötü bir otomobil sahibi olmuş, evindeki eşyaları yenilemişlerse de geleceğe pek umutlu bakamazlar... Bakamazlar çünkü oğulları, kızları da işsizdir kendileri gibi! Anımsarlar ki, aileye babadan miras kalmıştır bu yoksulluk! "Kader" sayarlar bu yüzden... Kimileri böyle olduğunu anlayamaz! Babadan, anadan çocuklara yansıyan "dar gelirli olmak"; bulaşıcıdır sanki...

Gezintim yüzlerce kez geçtiğim sokaklardan sonra, İstiklal Mahallesi'ni çevreleyen caddelerde sürüyor.

Yazlık İstanbul Sineması, İstiklal Caddesi'nin başlangıcında tek katlı bir pasajın damındaydı. Sinemanın perdesinin yaslandığı binanın zemin katında; aslen Mardin'den gelme, Süryani kökenli, mahallelinin "Yahudi" dediği Dişçi Zeki Dayı vardı. Cadde asfaltından bir hayli aşağıdaki dükkânına, iki basamaklı merdivenle inerdiniz. Girişte küçük bir sekreter masasının olduğu odacık, arkada muayene ve tedavinin yapıldığı; alışılmış görüntüleriyle bir diş hekimi odasıydı...

Zeki Dayı'nın "hekim" olmadığını, çıraklıktan edinilme teknisyenlik bilgisiyle orada o dükkânı yıllarca çalıştırdığını İstiklal ve çevre mahalleli bilirdi... Bilir, ucuz ve yakın olduğu için, biraz da "mecburiyetten" her dişi ağrıyan ilk ona başvururdu. Mahalle insanı, gecenin bir yarısı üst kattaki evinin zilini çalar, "derdine derman" olması için "mahallenin dişçisi" Zeki Dayı'ya sığınırdı.

Sonraki yıllarda SSK, yalnızca diş hastaları için Emek Mahallesi kıyısında bir poliklinik açtı. Sosyal bir güvencesi olmayan kişiler de "paraya kıyıp", Adana'nın gelişmiş semtlerindeki diş doktorlarına yöneldiler.

"Yeşil Kart" uygulaması başlayınca büyük hastanelerdeki diş birimleri ve 100. Yıl Mahallesi'ne kurulan Diş Hastanesi; bu sokak arası dişçilerinin bir bir kapanmasına neden oldu.

İstiklal Caddesi'nde bozulan, bakım gerektiren bisiklet, motosiklet ve otomobiller için onarımcı bulabilmek zor değildir. Kaportacılar, oto elektrikçiler, camcılar, klimacılar; kasap, kıraathane, yıkama- yağlama işi yapanlarıyla caddede hayli hareketli sahneler yaşanır.

Son yıllarda da kitap – kırtasiye toptancıları "dadandı" mahalleye! Kümelenme, daha çok İstiklal Sineması çevresinde görülüyor. Okulların açılmasıyla işlerinin yoğunlaştığı ilk bakışta görülebilen kırtasiyeciler için bölge; kent merkezine oldukça yakın oluşu ve okul sayısının fazlalığıyla ilgi çekiyor.

Bildiğiniz gibi Adana'da ortalama her 100 metreye bir kebapçı düşer! 10 – 15 yıldır bu kebapçılara bir de "tavuk dönerci"ler eklendi. Et fiyatlarının yüksek oluşu, kebabı pahalı bir yemek haline getirince kimi kebapçılar "tavuk kıyması" diye de bir şey "icat ettiler!" Yalnızca ucuza karın doyurmak amacındaki düşük gelirli insanlar; son derece sağlıksız koşullarda, caddenin ortasında tüpgaz alevinde kızaran tavuk döneri, "ekmek" dedikleri iyice pişmemiş çiğ bir hamurun içine "ekelenen" marulla dürümletip yiyorlar! Kansere açık çağrı yapılan dönerci tezgâhlarına; İstiklal Caddesi'nde de yalnızca çıraklar, kalfalar ve 2.5 lirası olan yoksul insanlar değil, paralı-parasız herkes "hücum" ediyor!

Bu noktada giderek bir alışkanlığa dönüşen, (aslında bozulan) değişen yemek kültürümüzden söz etmek gerekli. "Ayaküstü", hazmederek değil "atıştırarak" yalnızca karnını doyurmak, 20 – 25 yıldır yer edindi toplumda. Bunun adına "fast food", "hızlı yaşamın gereği" filan da dense özellikle gelişme çağındaki gençlerin sağlığını olumsuz etkilediği, erken yaşlarda alınan ve bir türlü atılamayan kilolarla da ortada...

Vergi Dairesi'nin olduğu binayı geçip sağa dönünce, öncelerde Tercüman gazetesinin basıldığı matbaanın önünden orayı görmeden geçemezsiniz! Akdamar Ekmek Fabrikası'na ulaşınca da üçe, dörde yarılan sokak; sizi doğrudan İstiklal Mahallesi'nin kılcal damarlarında dolaştıracaktır.

Akdamar Ekmek Fabrikası; Çifte Fırınlar'dan sonra İstiklal ve çevre mahallelerin ekmek gereksinimini karşılayan ikinci fırındır. Akdamar'ın karşısındaki daracık sokaklar Hergele Yolu'na; sağa dönerseniz de Çiçek Sineması'na ulaşır. Bu sokaklardaki derme çatma, rengârenk evlerde Romanlar yaşar. "Günü kurtaran", gelecek kaygısı olmayan, "vur patlasın – çal oynasın", alkolsüz de yaşayamayan bu insanlar; kendilerini "müziksiyen" olarak adlandırırlar.

Orhan Kemal'in de işçi olarak çalıştığı, zamanın Milli Mensucat Fabrikası... 2014'te işte böylesine yalnız ve suskun...

Çukurova Bölgesi'nde sıklıkla görülen bu Romanların kadınları bohçacılık, falcılık, kalaycılık yapar; naylon leğen, sele-sepet, kova, süpürge türü ev gereçlerini çocuk arabalarında sokak sokak gezdirerek satarlar. İstanbul Sulukule'dekine benzer biçimde İstiklal Mahallesi'nin güney ucundaki evlerde yaşayan Roman erkekleri; keman, klarnet, darbuka, ud türü aletlerle kına ve düğünlerde "icra ettikleri" müziğin geliriyle "hiçbir şeyden yakınmadan" yaşarlar.

Alüminyum ve çelik tencerelerin yaygın olarak kullanılmadığı günlerde; bakır sahan, sini, tepsi, tencere ve kazan kalaylama işleriyle uğraşarak "o gün" kendilerini yaşatacak kadar parayı kazanırlardı.

Yaşadıkları diğer yerlerdeki gibi Adana'da da; ucuz olduğu için özellikle şarabı ve birayı, kadınlı-erkekli küfrederek konuşmayı, bir de "her şeye karşın" göbek atılacak her müzikte oynamayı çok severler...

Sazcı Aydın'ın Barakası, Bekçi Düdükleri, Tahir Paker...

Bir aralar çok sık işittiğim, ama nedense hiç ilgimi çekmeyen; şarkıcı Erol Büyükburç'un dedesinin evi, bütün gün oyun oynadığımız sokaktaydı.

Doğup büyüdüğüm, ömrümün yarısını geçirdiğim evimizden bir sokak arkada; önünde bulunan yaşlı çam ağaçlarıyla gölgelenen o tek katlı çatılı ev, hâlâ orada durur. Boyası hiç değişmez, bildim bileli sarıdır.

***

Siz hiç kuş öldürdünüz mü? Bilerek, isteyerek! 20-30 gramlık etini, bir şişe ya da çöpe takarak çalı çırpı ateşinin isinde kızartarak yediniz mi?

Kuş lastiğimi gererek meşininin arasına önceden yerleştirdiğim küçük, yuvarlak çakıltaşını; koyu yeşil iğneyapraklı çam dallarına sıktıydım o gün... Benden yaşça büyük, Koca Kafa Sami Abi'ye özenmiş olmalıyım; bu kesin!

Nasıl oldu bilmem, ağaçtaki bir kumru yuvasına rastlamış olmalı. Kuş lastiğimle sıktığım "taş mermi"; uçmayı yenileyin öğrenen yavru kumruyu, minnacık bir "pat" ve duyulur duyulmaz bir çığlıkla ağacın dibindeki beton kaldırıma seriverdi! Can çekişmesini izlemeyip koparmalıydım kellesini; anlatılanlar öyleydi. İncecik boynu, yorgan ipi gibi zayıf ve narindi! Koyu pembeydi kanı... Sıcaklığı yitmemişti.

Kimdi anımsamıyorum; mahalleden birisi gördü, kızdı bana. "Dellenmişti!"

"Vurduğun bu kuşun adını biliyor musun?" dedi.

"Cık!" ettim.

"Bak, serçe vursan neyse! Bu vurduğun kuşun adı kumru... Eti yenmez; çok günah!"

Bana şunu demedi:

"Bak çocuk; kuşların hiçbiri vurulmaz! Hiçbir kuşun eti yenmez! O kuş lastiğini hemen kır, at... Kuşlar bizlere benzer; sevgiyle beslenirler..."

O bunları söylemedi ve ben o yavru kumruyu yemediysem de adı bile korkunç ve çirkin "kuş lastiği"mi 1 liraya sattım. İşte bu çam ağaçları; yavru kumrunun kanat alıştırırken küçük bir taşla ölümüne neden olduğum ve bana yıllar sonra böyle bir şiiri yazdıran ağaçlardır:

Kumru Çocuk

Babasıyla çıkmış sokaklara
O da senin gibi
Kanat alıştırıyor

Adımlıyor asfaltta
Yürüyüşü sana benziyor
Gözlerini gözlerinde yıkıyor

Bir lokmayı çiğneyişin
Onun bir buğdayı
Yutuşunu ansıtıyor

Büyülenmiş yaşamaya
Uçuşuyor sesleriniz
Gidip güneşini buluyor

Şarkıcı Erol Büyükburç'un dedesinin bu sarı boyalı evi; Sazcı Aydın Cangürgen'in, yani mahallelinin deyimiyle "Sazcı Aydın Abi"nin sazevinin tam karşısındaydı. O küçük sazevi; Aydın Abi'nin damadı olduğu Kayserili bir ailenin, oldukça büyük arsasındaki evinin bir köşesinde, barakamsı bir yerdi.

Üretip sattığı bağlamaları, ne de güzel çalardı Aydın Abi...

Koyu kahverengi giysileriyle bekçilerin; gece boyu düdük çalarak sokaklarda, fellik fellik hırsız kovaladığı yıllardaydık.

Hepsinin ortak adı "Murtaza"ydı bu bekçilerin. Palabıyıklı, çoğu da Kürt kökenli ve Orhan Kemal'in "Murtaza"sı gibi "vazifesine aşık"tılar... Çakaralmaz Kırıkkale 7.65'lik tabancaları bellerindeki kemere takılı, yaz kış demeden sabahlara kadar "fink atarlardı" mahallede.

Kimi geceler, Sazcı Aydın Abi'nin küçük sazevinde; o zamanlar yeni yeni tanınan Müslüm Gürses, İzzet ve Sadık Altınmeşe, Aşık Devran Baba (Mustafa Yılmaztürk), kardeşi Sami Yılmaztürk, Tahir Paker, Kadir Ergeç, Burhan Paker, Ali Limoncu gibi müzisyenler toplanır, sazlı – sözlü söyleşirlerdi.

"İtirazım Var", "Mutlu Ol Yeter", "Yalan" gibi, döneminde popüler olmuş ve birçok şarkıcının seslendirdiği arabesk şarkıların sözlerini de yazan; Orhan Gencebay, Ferdi Tayfur, Müslüm Gürses, Mahsun Kırmızıgül vb. şarkıcılara sahnede flüt çalarak eşlik eden Tahir Paker komşumuzdu. Abisi Burhan Paker'le birlikte, müzik çevrelerinde epeyce tanınmış olduklarını duyardık. Baba evleri, Bakkal Rafet Emmi'nin dükkânının tam karşısında sıvasız, Kiremithane'nin kırmızı kiremitleriyle örülü, iki katlı bir evdi. İstanbul'da olmadığı zamanları, annesi ve babasıyla birlikte yaşadığı bu evin sokağa bakan penceresinde flüt çalarak ya da Aydın Abi'nin sazevinde geçirirdi.

Onun "kayınım" olmasını ne çok istemişimdir... Çünkü Tahir Abi "kayınım" olursa kız kardeşi de dolayısıyla "benim" olacaktı... Akranım bütün çocuklara gülümsediği için, herkes onu kendi "manitası" sanıyordu!

Sokağımızın "Fahriye Abla"sı gibiydi o; ay parçası bir güzel kızdı... Benden birkaç yaş büyüktü. Mahalledeki bütün yeniyetme erkekler gibi benim de gözlerimin bebeğine bebeğine bakar; pencerenin perdesini aralar, göz eder, gülerdi. Bu yüzden "ben de" onu "dava'm" sanır, büyüyünce de evlenmeyi düşlerdim!

Dolunayın dünyanın bütün sokakları gibi mahallemizin sokaklarını da "cıncık gibi" aydınlattığı kimi geceler Tahir Abi; "Bekçi Murtaza"nın düdüğünü çalmadan gizlice gelebileceğini düşünür, bir sokak ileriye "nöbete" gönderirdi beni. Bu nöbetleri, onun sokakta elektrik direğinin altında "pata'ya vurduğuna" yorardım... Ama olsun; seve seve giderdim nöbete! Çünkü Tahir Abi'nin gözüne girebilmek, kardeşine bir adım daha yaklaşabilmekti!

Sonra, bir gün duyduk ki kardeşi birisiyle kaçmış...

Bir süre sonra da evlilik haberleri geldi. Geride kalan diğer "sevgilileri" ve ben, bu "çocukluk aşkı"mızı birkaç gün içinde unutup "kalbimize gömdüydük!"

Görmedim onu bir daha da...

***

Kimi günler hiç ummadığım bir sokakta, İstiklal Mahallesi'ne uzak caddelerde; uzun paltosunu savurarak yürürken görürdüm Tahir Abi'yi. Yine sakallı, yine dün gece her zamanki gibi çok içmiş, yine gözleri kan çanağı ve gözaltları şiş... Onun da Mahsun Kırmızıgül, Yavuz Bingöl, Haluk Levent, Onur Akın vb. şarkıcıların ortağı olduğu "Prestij Müzik" şirketine bağlı çalıştığını söylerlerdi. Geçmişte, Mahsun Kırmızıgül'ün oynadığı bir televizyon dizisinde; yan rollerden birinde onu izlemiştim; bunu da anımsıyorum...

Tahir Paker'in de ustası bildiği Sazcı Aydın Abi, sazevinin minik vitrininde çeşitli müzık aletleri sergilerdi. O sokakta derme çatma görüntüsüyle bir tiyatro dekorunu aratmayan şirinlikteki sazevinden, kimi geceler yanık türküler yükselirdi...

Şimdi, 2014'ün bu aylarında; damadı olduğu ev, minik camekanlı sazevi yıkılmış; arsası orasından burasından dikenli otlar fışkıran, mahallelinin çaktırmadan zibilini attığı virane...

Kayınbabası, kaynanası ve kendisi; bizden gençlerin hiç tanımadığı, tanıyanların çoğunun anımsamadığı birer "ölü!"

Oğul Yarası...

Baba'nın adı Ömer'di, Gülâfer de ana'nın...

Baba, "Sabuncu Ömer Emmi"siydı sokağın, ana da "Gülâfer dezze"si...

Hüseyin Abi, evin tek oğlu...

Bir "abla", iki de "bacı"; "gardaş sevgisi"yle dolu...

Kanalköprü'yü geçince Yeşilevler-Cinali'de set üzerindeki portakal bahçelerinin bir bölümünün sahibiydi Ömer Emmi. Onu, Gülâfer Teyze'yle bisiklete binmiş de giderlerken gördüğümü hiç anımsamıyorum. Ama Ömer Emmi belleğimdeki fotoğraflarında, asıl rengini pas ve çamurun yuttuğu bisikleti üzerindedir.

Bisiklet; öyle lambası, zili mili yok. Harhut![92]

Sepetliğine yüklediği heybesi; yine portakal, yine mandalina, yine limon ve yine greyfurt dolu...

Mevsimi geldiğinde, bahçesindeki ağaçlarından topladığı meyveleri "hayrına" kimseye dağıtmaz, bisikletiyle sokaklarda geze geze satardı. Eski, çamurundan görülmeyen, paslı el terazisi nasıl olur da dengelenirdi; aklım almazdı!

"Mahallenin fırlamaları" biz çocuklar; kendilerine "beleşten portakal vermeyen" Ömer Emmi için; "Kayserili işte, n'olacak! Pintiliğinden burnunun bokunu yiyecek nerdeyse!" der, ardından söverdik.

Bize göre; İstiklal'in değil de Yeşilevler-Cinali'nin çocukları bahçesine dadanıp portakallarını çalmamışlarsa zaten ayıp etmişlerdi!

Ömer Emmi Gülâfer Teyze'den önce gitti! Hüseyin Abi'den de!

En büyük acıyı oğlu Hüseyin'in öldürüldüğünde Gülâfer Teyze'yle kızları yaşadı. Ömer Emmi o kötü günü görmedi. Orada toprak altındaki karanlıkta duyumsadı mı, bilinmiyor...

---

92 Harhut: Hurdalık, işe yaramaz.

***

Öğretmendi Hüseyin Abi.

Kız kardeşleri, o yıllarda lisede okuyor olmalıydı. Büyük ablaları okuyamayıp bir kamyoncuyla evlendirilmişti. Küçük kızlar; sonradan edinecekleri meslekleri, eczacılık ve mühendislik öğrenimi için derslerinden başlarını kaldırmıyor, sokaktaki akranlarıyla çok az görüşüyorlardı.

Sonraki yıllarda işittiğim kısa öyküye benzemezdi öyküleri: Kayserili olmak biraz da; okula ya hiç gitmemek ya da en fazla "beşi bitirmek" biçiminde yorumlanırdı! Ne kadar doğrudur bilemem ama, öyküde geçtiği biçimiyle Kayserililer ticaret yapamayan çocuklarını okula gönderirmiş!

Onu zaten kimse portakal-limon satarken filan da görmedi.

"Öğretmen Hüseyin"di o...

Öyle böyle değil; öğretmenliğin o yıllarda çok saygın bir yeri var toplumda. 12 Mart sonrası günleri yaşıyor ülke. İdealist, aydın, ilerici öğretmen profili yer edinmiş yüreklerde.

Ama işte, öyle değildi Hüseyin Abi! Adı "karşıt görüşlü" olarak anılanlardandı.

En çok gömleğini severdim onun. Böyle yakaları düğmeli, kapakları da olan çift cepli ve kareli...

Yürüyüşünü bir de: Çakı gibi; bir elinde çantası, diğeri her zaman pantolon ceplerinde. Kundurası, yeni betonlanan sokakta, "mühim bir adam" yürüdüğünü belli edercesine ses çıkaranlardan. Olsa olsa bıyığı gıcık dururdu yüzünde. Onu olduğundan yaşlı ve sert gösterdiği bir yana 500 metreden benimsediği siyasi görüşü simgelerdi.

"Anadol"u vardı, koyu renk haki yeşil... Tavanı deri mi kaplıydı ne?

O "Anadol", Hüseyin Abi öldürüldüğü günden beri; onun içinde öldürüldüğü günkü biçimiyle, İstiklal Mahallesi'ndeki evlerinin bahçesinde üzeri örtük, öylece durur!

Olay tam da 12'li Darbe Yılları'nın aralarında bir günde, Eski Garaj yakınlarındaki Yeni Köprü üzerinde yaşanmış.

Motosikletle otomobilinde onu izleyenlerden ikincisi, arabanın yavaşladığı bir anda ateşlemiş silahını...

***

Ocaklarına düşen ateş, ağıtlara belendi. Altüst oldular! Böylesi bir ağıt başkalarınca ne kadar duyumsanabilir? Kim onlar kadar yanabilir; kim anlayabilir geride kalanların acısını?

Yıllar sonra bir bayram arifesinde Asri Mezarlık'ta gördüm, Gülâfer Teyze'yi. Yanı başındaki çam ağacının gölgesinde, oğlunun mezarını kuruyan otlardan temizlerken onunla "konuşuyor", bir yandan da hâlâ "kan ağlıyordu!"

Ömer Emmi'nin, oğlunun ölümünü görmeden ölmesi bana annemin sözlerini anımsatır bazı bazı: "Allah kimseye evlat acısı göstermesin... Beni çocuklarımdan önce yanına alsın!"

Yakarısı yerine getirilmedi; bu acıyı yüzünü hiç görmediğim küçük abim öldüğünde ve sonrasında uzun yıllar annem de yaşadı!

Bitirirken...

Brezilyalı Romancı Jorge Amado, "İnsanın anayurdu çocukluğudur." demiş.

Çocukluğumuzun "az kullanılmış" yıllarında, el değmemiş saflığımızı aranırken bir yerde aslımıza dönmüş de oluyoruz.

Yaşadığımız örselenmemiş masal bizi daha o yaşlarda yormuş da olabilir...

Bu yıllardan bakınca oralarda körlenmesine izin vermeyeceğimiz; mutluluktan kanatlandırsa, kedere de bulasa çocukluğumuz; bütün ayrıntılarıyla yine "bizim" ve rövanşı yok...

Bugün düşünüyorum da bir çoğunu kâğıtla kalemin sevişmesi sırasında yeniden yaşadığım nice güzellik, birebir öznesi ve tanığı olduğum onca öykü; yazılmasa, benimle birlikte belleğin dipsizdeki batıklarında yitecekti...

Okunduğunda anlaşılmıştır ki yakan, üzerinden yıllar geçse de sancıtan kimi olaylar, bire bir yaşayanlar kadar olmasa bile beni de vurmuştur. Hiç kimsenin adı ve acısı üzerinden mutluluk süzmek, "insan" olan hiç kimseye, hele bir yazara hiç yakışmaz!

Hüzün, eskinin dokusunda var.

Mayası efkârdır geçmişin.

Hiç mi güzel, gülümseten, içini ışıtan hoş yanları olmadı hayatlarımızın?

Harfler, sözcükler, cümleler kedere belenmiş de olsalar her an'ı güzel, hoş, gülümsenecek ve bizden başkasına ait olmayan "kendi" hayatlarımızla yüzyüze gelmemizi sağlamıştır belki de.

Atladığımız, anımsamakta zorlandığımız hayatlarımızın kör noktalarındaki öyküler de umarım yüreğimizin bir köşesinde demlenir, bir gün bir biçimde unutuşun tozlu yıllarından kurtarılır; bakarsınız şiire, öyküye, romana, belki bir filme dönüşerek kişisel tarihlerimizden sizlere armağan edilir...

Bu kitap hazırlanırken inci tanesi sözcüklerle belleğinin sofralarını bana açan Sayın Esma Şeref, İlkay Tuna, Gülderen Canyurt, Çetin Boğa, A. Fazıl Göktuğ, Mehmet Taşar, Mustafa Emre, Mehmet Sönmez, Ahmet Yağan, Murat Kozan, Ahmet Polatçı, Ali Yüzgeççioğlu (Taşkafa Ali), Arabacı Halis, Güvercinci Mesut, Futbolcu Halûk, Kebapçı Cikcik Ali, Gösteri Sanatları Merkezi'nden Muhittin Yeşilova, Abim Mustafa, Ablam Emine, yararlandığım bilgisunar siteleri ve ayrıca wow.Turkey.com'a; katkıları için teşekkürlerimi sunuyorum...